브레인
리 셋

브레인

돈 버는 생각만 해라, 답은 뇌가 찾는다

Brain Reset

리 셋

강범구
지음

21세기북스

프롤로그

인간의 뇌는 현대 과학으로도 다 밝혀낼 수 없을 만큼 무한한 잠재 능력이 있습니다. 과학자들은 뇌에 숨겨진 신비를 증명하기 위해 지금도 연구를 거듭하며 매일같이 새로운 학설을 쏟아내고 있습니다. 그중에는 사람이 일상적으로 반복해서 하는 생각이 몸과 마음, 더 나아가 인생 전체에 얼마나 지대한 영향을 미치는지에 대한 연구 결과도 다수 발표되었습니다.

2016년, 《사이언스》지에는 반복 학습으로 뇌의 해마를 자극함으로써 기억력과 집중력을 높일 수 있다는 연구 결과가 실렸습니다. 21~40세의 성인 열여섯 명에게 특정한 얼굴과 사물의 사진을 보여주면서 이를 일정 시간이 지난 뒤에 확인했을 때 어느 정도까지 기억하는지 반복해서 실험한 것입니다. fMRI(기능 자기 공명 장치)로 이 과정을 촬영하자 시간이 지날수록 피실험자들의 기억력이 좋아지고 있다는 것이 확인되었습니다. 한 가지 생각에 집중하는 시간이 길어지면 해당 신경이 활성화되는 것을 눈으로도 볼 수 있다는 뜻입니다.

다른 연구 결과도 볼까요? 2015년 UCLA의 에밀리 팔크(Emily Falk) 교수 연구팀은 긍정 확언 시에 나타나는 뇌의 변화를 fMRI를 통해 확인했습니다. 그 결과, 긍정 확언을 반복한 뇌는 자기 인식 및 보상 체계와 관련된 뇌 부분인 전두엽과 복측 선조체가 활성화된다는 사실을 발견했습니다.

결국 내가 자주 하는 생각이 나의 뇌를 변화시킵니다. 바로 이 달라진 뇌가 세상을 보는 눈을 넓히고 창조력과 학습 능력을 높입니다. 자신의 능력을 깨우는 가장 쉬운 방법은 무엇을 이루고 싶은지 생각하기만 하면 된다는 뜻입니다. 그 외에는 어떤 노력도 불필요합니다.

반복해서 생각하다 보면 뇌는 스스로 정답을 찾아갑니다. 이미 그때는 누구도 말릴 수 없는 열정가가 되어 있을 것입니다.

노력하는 것보다 성공하는 것이 더 쉽습니다.
새로운 것을 배우는 것보다 성공하는 것이 더 쉽습니다.

뇌가 1초에 받아들이는 정보량은 약 1,100만 비트로 알려져 있습니다. 그중 의식적으로 활용되는 정보량은 단 40비트뿐입니다. 나머지는 필터링을 거쳐 뇌에서 무의식적으로 처리된다는 의미입니다. 예를 들어, 우리가 한 시간 동안 운전을 한다고 가정하면 그 시간 동안 주변 차량의 기종과 번호판, 지나가는 사람들이 입은 옷, 간판에 쓰인 글씨 등을 모두 보고 받아들이게 됩니다. 하지만 이 중에 기억에 남는 정보는 극히 일부에 지나지 않습니다. 우리의 관심사가 아니기 때문에 보고도 잊어버리는 것입니다.

오늘 하루 동안 나를 스쳐 지나간 사람 중에 얼굴이 기억나는 사람이 있나요? 적게는 수십, 많게는 수천 명의 얼굴을 보았을 텐데도 나와 관련 없는 사람들의 얼굴은 전혀 기억이 나지 않습니다. 반면 남아 있는 특정 정보에 대해서는 매일 의식적인 뇌의 흐름을 체험하고 있습니다. 업무에 열중하다가 같은 시간에 시계를 쳐다보는 것, 차량 번호판에서 지인의 전화번호와 같은 숫자를 발견하는 것, 1111, 2222처럼 특이한 번호판에 눈길이 가는 것, 혹은 수많은 자동차 중에서 내가 가지고 싶은 차량만 딱 눈에 띄는 것 등은 뇌에 남은 유의미한 정보값이 계속해서 일하고 있다는 의미입니다.

가지고 싶은 차종이 있다면 그 차를 자주 떠올릴 것이고 이는 마치 프로그래밍되듯 뇌에 새겨집니다. 그러다 보면 어떤 날은 하루 종일 그 차만 눈에 들어오는 경우도 있습니다. 평소와 다름없이 내 곁을 스쳐 지나가는 수많은 자동차 가운데 나머지 정보는 모두 걸러지고 오로지 그 차만 기억에 남게 됩니다. 즉, 뇌의 프로그래밍은 우리가 만드는 것입니다. 어떤 정보를 남겨 자주 생각하다 보면 뇌는 그 생각을 통해 세상을 경험합니다.

그렇다면 노력은 어떨까요? 새벽형 인간으로 살아보는 것, 일주일에 한 권씩 책을 읽으며 지식을 쌓는 것, 성공에 관한 문장을 매일 100번씩 쓰는 것 등은 모두 성공으로 향하는 길이라고 잘 알려진 방법들입니다. 하지만 이 일들을 한다고 해서 성공에 이른다는 보장은 없습니다. 그러다 보니 쉽게 지쳐서 작심삼일로 포기하는 사람도 비일비재합니다. 초당 1,100만 비트의 정보 중 단 40비트에 불과한 정보를 열심히 살아야 한다는 생각을 하는 데만 써버리는 것입니다. 이 얼마나 안타까운 일인가요?

그래서 노력보다 성공이 쉽다는 말입니다.

저는 신경가소성을 알게 된 후, 돈을 벌 생각을 하는 것만으로도 우리 뇌가 저절로 돈 버는 법을 아는 뇌가 된다는 진실을 확인했습니다. 매일 뇌 훈련을 한 지 3개월도 채 지나지 않았을 무렵부터 돈을 벌 방법들이 눈에 띄기 시작했으니까요. 그리고 사업을 시작하고 3년간 30억 원 이상의 누적 매출을 올렸습니다.

이 방법을 통해 현재 2,000여 명이 저와 함께 뇌를 바꾸는 훈련을 하고 있으며, 덕분에 추가 수익을 꾸준히 올린다는 사례가 하루에도 수십 건씩 공유됩니다.

이 책을 읽는 동안 당신은 자신의 무한한 능력에 감탄하게 될 것입니다. 그리고 책을 다 읽고 나면 세상에 도움이 되는 아이디어로 수많은 사람을 도우며 엄청난 부자가 될 잠재력을 갖추게 될 것입니다. 왜 이제야 자신의 능력을 알게 되었는지 아쉬워할 시간도 아깝습니다. 노력 없이도 원하는 것을 전부 이루면서 사는 삶, 아주 작은 생각의 변화만으로도 가능합니다.

차례

1 `Recognize` 알아차려라!
당신이 제한 신념에 사로잡혀 있다는 사실을

2 `Exit` 빠져나와라!
성공을 가로막는 노력에 대한 믿음을

3 `Seize` 붙잡아라!
돈이 벌리는 단 한 문장을

4 `Evolve` 진화하라!
돈 버는 기회가 수없이 보이는 인간으로

5 `Take` 차지하라!
부는 이제 당신의 것이다

1
Recognize

알아차려라!

당신이
제한 신념에
사로잡혀 있다는
사실을

우리는 자신이 천재가 아니라고 지금까지 세뇌당한 것이 분명하다. 적당한 수준에서 일을 하고, 적당한 수준으로 돈을 벌고, 꼭 해야 할 일만 한다. 이렇게 세뇌당한 것은 우리가 동의했기 때문이다. 우리는 자연스럽게 그런 낮은 기대를 좋아한다.

_세스 고딘Seth Godin

마케팅의 정의를 새로 내린 전설적인 마케팅 구루이자 『보랏빛 소가 온다』를 쓴 베스트셀러 작가

우리에게는 무한한 능력이 있다

저는 낙오자였습니다. 아마 이 글을 읽는 사람을 모두 통틀어도 저보다 공부를 못했던 사람은 없을 겁니다. 어느 정도였는지 궁금하신가요?

고등학교에 진학할 때, 저는 인문계 고등학교는커녕 제가 사는 지역의 공업 고등학교조차 턱걸이로 겨우 입학했습니다. 학업에는 영 관심이 없어서 차라리 돈을 벌자는 생각에 새벽에는 신문 배달, 주말에는 전단지를 돌리는 아르바이트를 했고, 그러다 보니 성적은 점점 더 바닥으로 향했습니다.

대학에 진학할 때, 운이 좋게도 경기도 포천에 있는 한 전문대학에 미달이 생기는 바람에 간신히 대학생 신분은 갖게 되었습니다. 하지만 대학에 입학한 후에도 낮에는 회사를 다니기 위해 수업을 야간으로 바꾸었고, 공부가 뒤로 밀리면서 낙제를 겨우 면하고 졸업을 하게 되었습니다.

초중고와 대학을 통틀어 14년 동안 단 한 번도 개근상을 받아본 적도 없습니다. 성적은 늘 꼴찌, 끈기와 근성 같은 것은 찾아보려야 찾아볼 수도 없었습니다. 어느 누구도 제 미래에 관심을 갖지 않았습니다. 제 입에 풀칠이나 하고 살면 다행이라고 생각했죠. 그러다 20대 중반에 절망적으로 CRPS(Complex Regional Pain Syndrome, 복합부위통증증후군)이라는 신경계 질환을 진단받고 건강마저 악화되었습니다. 저는 이대로 제 인생이 망할 줄 알았습니다.

왜냐하면 저는, 낙오자였으니까요.

아무리 이 상황에서 벗어나려고 발버둥 쳐도 늘 제자리인 것만 같았습니다. 머리가 나빠서, 끈기가 없어서, 배운 게 없어서, 돈이 없어서…. 온갖 핑계가 제 주변을 감싸고 있었습니다. 더 이상 이런 삶을 유지해봐야 의미가 없다는 생각에 나쁜 마음을 품기도 했습니다.

그런데 우연히 한 가지 생각에 몰두하면 뇌가 바뀌고 내가 집중하는 그 분야의 전문가가 된다는 이야기를 듣게 되었습니다. 신기한 이야기였지만 처음에는 무슨 생각을 해야 할지 고민이 많았습니다. 제가 잘하는 일이라고는 배달밖에 없었으니까요.

우여곡절 끝에 뜬금없지만 웹소설을 쓰자고 마음먹었습니다. 3개월 동안 매일같이 웹소설만 생각했더니 마침내 세 개의 작품을 쓰고 계약까지 마치게 되었습니다. 스스로 놀라지 않을 수 없었습니다. 그동안 한 번도 글을 써서 돈을 벌 수 있다고는 생각한 적도 없었기 때문이죠. 하지만 웹소설 집필도 결국 돈을 벌기 위한 목적이라면, 돈을 버는 다른 방식에 조금 더 집중해보자는 생각이 들었습니다.

제 머리로는 큰돈을 벌 방법이 전혀 그려지지 않았습니다. 그렇다면 이것 역시 뇌에 맡기고 뇌가 알아서 그 방법을 찾아가도록 해보자고 마음먹기에 이르렀습니다. 그리고 "나는 천억 원을 벌었다"라고 마음속으로 선포했습니다(미래형이 아닌 과거형으로 외치는 것이 핵심입니다).

처음에는 누구에게도 이야기하지 않고 혼자만 간직하고 있었는데도 마음이 이상하게 영 불편했습니다. '지금 이게 뭐 하는 짓이지? 1억도 벌기 힘든데 천억이라니? 게다가 나한테 이렇게 큰돈은 필요하지도 않잖아' 하는 생각이 불쑥 들었습니다. 그러고 나서 금세 깨달았습니다.

'스스로 나의 잠재력을 믿지 못하고 있구나.'

그동안 저는 무의식적으로 부정적인 생각을 많이 하고 있었습니다. 무엇보다 충격적이었던 것은 내가 생각을 자유롭게 하고 있지 않다는 사실이었습니다. 누가 뭐

라고 하지도 않았는데도 머릿속을 검열하면서 허무맹랑한 선포를 하면 안 될 것만 같았습니다. 그러다 보니 천억 원을 벌겠다는 생각을 하려고 하면 어김없이 심기가 불편해졌고, 어떨 때는 두통이 밀려오면서 잠이 쏟아졌습니다.

하지만 신경가소성에 대해 공부하면서 이것은 뇌가 바뀌는 과정에서 자연스럽게 일어날 수 있는 일이라는 사실을 알게 되었습니다. 평소와 다른 생각을 하는 것만으로도 뇌는 스트레스를 받고, 엄청난 에너지를 사용합니다. 감정이 뒤흔들리면서 이 생각에 익숙해질 때까지 거부 반응을 일으킵니다. 그래도 포기하지 않았습니다. 악착같이 천억 원을 벌었다고 되뇌었고, 그러다 보니 어느새 잠꼬대로도 천억 원을 벌었다고 말하고 있는 저를 발견했습니다. 이 선언이 습관으로 정착한 것입니다. 그렇게 한 달쯤이 지나자 이상하게 정말 천억 원을 벌 수 있을 것 같다는 믿음이 조금씩 싹트기 시작하면서 십억, 백억 원이 작게 느껴졌습니다. 뇌가 완전히 바뀌었다는 뜻이죠.

그때까지도 현실적으로 천억 원을 벌 수 있는 방법은 전혀 몰랐습니다. 그럼에도 아이디어 하나만 찾으면 목표를 금세 이룰 수 있겠다는 생각에 가슴이 두근거렸습니다.

그리고 드디어 아이디어를 찾아 사업을 시작한 지 3년이 지난 지금, 제 회사는 누적 매출 30억 원 이상을 올렸고, 조인트 전문회사를 만들어 10여 개의 회사와 윈윈하는 구조를 만들어가고 있습니다. 지금은 저희에게 자아상을 세우는 방법을 배우고 자신의 가치를 돈으로 만드는 훈련을 통해 성과를 내는 분들과 함께 조인트를 진행해 더 많은 사람을 도우며 소득을 불려나가고 있습니다. 저를 괴롭혔던 건강 문제도 자기계발 기법인 NLP(Neuro-Linguistic Program, 신경 언어 프로그램)를 활용해 통증을 없애고 기적적으로 회복되었습니다.

뇌의 잠재된 능력을 사용하면 원하는 것을 이루는 일은 누구에게나 너무 간단하고 쉽습니다. 하지만 그간 우리는 자기계발적인 메시지에 속고 있었습니다. "끝까지 포기하지 않으면 언젠가는 성공한다", "행동으로 옮기지 않는 것은 의지가 약해서다", "돈을 많이 벌려고 하기보다 열심히 사는 것이 중요하다" 등 스스로를 채찍질하도록 만든 말들에 휘둘리기 일쑤였습니다. 내 능력이나 의지가 부족하기 때문에 더 열심히 배워야 한다는 생각을 하다 보면 뇌는 자신의 부족함을 찾는 데에만 활성화됩니다. 그래서 자기계발에서 시키는 대로 실천하면 할수록 오히려 끝없이 보이는 자신의 부족함에 좌절하면서 절망에 빠지게 됩니다.

자기계발이라는 함정은 사람들의 창의성과 능력을 짓밟고 있습니다. 부자가 될 방법은 어렵고 복잡하게 힘을 들이지 않아도 계속해서 떠올리면 뇌가 알아서 그 방법을 찾고 가슴 뛰는 삶이 펼쳐지는데, 억지 긍정을 강요하고 단점을 부각시키고 몸을 갈아서라도 노력하라고 재촉합니다. 남들이 쉴 때 더 일해라, 책을 많이 읽어라, 아침에 일찍 일어나라, 시간 관리를 해라, 생각하지 말고 당장 실천해라 등등. 결국 사람들이 성공하거나 부자가 되지 못하는 이유는 열심히 살지 않아서라고 결론 내리고 우리의 생각을 프레임에 가두어버립니다.

기회는 우리 뇌에서 저절로 발견된다

저처럼 학교에서는 아무런 두각을 나타내지 못했지만 사업으로 크게 성공한 사람은 손꼽을 수 없이 많습니다. 이들 역시 학창 시절에는 스스로를 낙오자로 낙인찍은 실패자였습니다.

『청소차를 타는 CEO』라는 책을 쓴 브라이언 스쿠다모어(Brian Scudamore)도 그런 사람이었습니다. 그는 학업에 흥미도 없었고 학교에 적응하지도 못했습니다. 고등학교를 졸업할 만한 성적이 되지 않아 결국 학교를 중퇴했고, 그럴듯한 기술도 배우지 못해서 잔디 깎기, 청소, 잔심부름 같은 아르바이트를 전전하며 하루하루 먹고사는 데 급급했습니다. 그러다 친구들이 모두 대학에 들어가는 것을 보고 자신도 왠지 대학에 가야겠다는 생각이 들어 학비를 벌기 위해 맥도날드에 들어갔습니다.

그러던 어느 날, 가게 앞에 서 있던 쓰레기 수거 서비스 트럭을 보고 폐기물 수거 사업을 해야겠다는 아이디어를 떠올렸습니다. 브라이언은 사람들이 대형 쓰레기를 버리는 데 불만이 많다는 것을 알고 있었습니다. 트럭을 빌려서라도 지정된 장소까지 쓰레기를 가지고 가야 하다 보니 여간 불편한 일이 아니었습니다. 그는 무거운 쓰레기를 대신 버려준다면 누구든 기꺼이 돈을 지불할 것이라고 확신했습니다. 그 길로 자신이 모아둔 돈 1,000달러 중 700달러로 낡은 중고 트럭을 한 대 구매하고 동네에 홍보 전단지를 뿌리면서 1-800-GOT-JUNK라는 회사를 시작했습니다.

브라이언은 기존 폐기물 업체와 달리 깔끔하게 차려입고, 차량에 회사명을 새겨 넣어 깨끗하게 도색함으로써 경쟁 업체와 차별화를 꾀했습니다. 직원들을 고용해야 할 만큼 사업이 점점 커지자 페인트 작업을 하는 와우 원데이 페인팅(WOW 1 DAY PAINTING)과 집을 청소해주는 서비스인 섹 샤인(Shack Shine)도 새롭게 시작하면서 북미 최대의 홈서비스 업체인 O2E 브랜드(O2E Brands)라는 그룹으로 성장해나갔습니다.

물론 그의 사업은 여느 회사가 그렇듯 늘 탄탄대로를 달린 것은 아닙니다. 때로는 잘못된 선택으로 큰 손해를 보기도 했습니다. 그럼에도 브라이언은 그 모든 상황을 성공으로 향하는 과정에서 생기는 필연적인 일이라며 낙관적으로 받아들였습니다. 캐나다 퀘벡에서 시작한 그의 사업은 이제 캐나다, 미국, 호주로 뻗어나가 총 150개 이상의 지점과 1,000여 대의 차량을 보유한 거대 기업이 되었습니다. 그룹의 총 연매출은 약 8,000억 원에 달하고, 그의 자산은 2,500억 원 정도로 알려져 있습니다.

브라이언은 뇌의 신경가소성을 알고 있는 사람이었습니다. 그는 "미래에 대한 그림을 그려본다는 것은 미래에 일어났으면 하는 상상을 마치 이미 실제로 일어난 일처럼 적는 일이다. 다른 말로 설명하자면, 미래를 묘사하는 글을 현재 시제로 쓰는 것이다."(브라이언 스쿠다모어, 『청소차를 타는 CEO』, p.86)이라고 말했습니다. 단순히 사람들이 손대고 싶어 하지 않는 더러운 일을 열심히 해서 성공한 것이 아니라는 의미입니다. 학교에서 브라이언은 실패한 인생이었지만, 대학 학비를 벌겠다는 목표를 설정하고 끊임없이 돈을 벌 방법을 궁리한 결과 뇌의 흐름으로 그의 손에 기회가 들어왔습니다.

문제가 보이면 그 안에 기회가 있습니다. 학교에서는 돈을 버는 방법을 가르쳐주지 않습니다. 학교에서의 문제아라고 해서 사회에서도 낙제점을 받는다는 법도 없습니다. 이루고자 하는 목표가 명확하면 현장에서 부딪치면서 얼마든지 자기만의 성공 원칙을 세울 수 있습니다.

어쩌면 학교 혹은 지금 환경에 적응하지 못하는 자신이 사회 부적응자나 낙오자처럼 느껴질지도 모르겠습니다. 하지만 가장 먼저 "나는 큰돈을 벌었다"라고 되뇌어봅시다. 그러면 뇌는 우리 주변에서 돈을 벌 수 있는 방법을 보여줄 것입니다. 브라이언 역시 큰돈을 벌 생각을 하지 않았다면 사업을 시작할 수 없었다는 점을 기억하기 바랍니다.

내 안에는 이미 커다란 부를 이룰 잠재 능력이 있습니다.
무의식중에 하는 부정적 생각, 무엇인가 열심히 해야만 한다는 강박을 내려놓고, 아래 암시문을 20분 동안 읽어보기 바랍니다. 틀림없이 의심이 피어나고 반발하는 마음이 들 것입니다. 내 마음인데도 마음대로 할 수 없어 답답함을 느낄 수도 있습니다. 하지만 그 과정을 거쳐 결국에는 스스로 생각의 주인이 되어야 합니다.

- **나는 무한한 능력이 있다.**
- **나는 천억 원을 벌었다.**
- **나는 건강하고 활력이 넘친다.**

이 글을 포스트잇에 써서 자주 볼 수 있는 여러 위치에 붙여두세요. 그리고 하루 10분이라도 집중해서 '나는 천억 원을 벌었다'만 생각합시다. 잡념이 들어올 틈

26

이 벌어져서는 안 됩니다. 반박하고 싶은 마음이 들더라도 금세 떨쳐내고 이 문장만 반복해서 떠올리세요. 그렇게 며칠, 몇 주, 한 달이 지나고 나면 금세 천억 원이라는 숫자를 아무렇지 않게 받아들이고 정말 그만큼 큰 부를 이룰 수 있다는 마음이 들 것입니다.

학교에 적응하지 못하는 사람이 성공하는 이유

추정 자산이 약 71억 달러(한화 약 10조 2,000억 원, 2021년 기준)에 이르는 세계적인 패션 디자이너 랠프 로런(Ralph Lauren)은 1939년 미국 뉴욕 브롱크스에서 태어났습니다. 그의 부모님은 폴란드에서 이민 온 유대인이었으므로 집안은 경제적으로 풍족하지 않았습니다. 랠프의 아버지는 페인트공으로 가족을 먹여살리기 위해 열심히 일했지만, 그는 유년기의 대부분을 저소득층 지역에서 보내야 했고 집안 형편도 크게 나아지지 않았습니다.

랠프는 고등학교 시절부터 패션과 디자인에 관심이 많았습니다. 하지만 가난한 집안 형편 탓에 그의 부모는 아들이 안정적인 직업을 갖길 바랐습니다. 부모님의 바람대로 그는 뉴욕에서 손꼽히는 시립대학교인 바루크칼리지 경영학과에 입학했지만, 불과 2년 만에 중퇴하고 잠시 군에서 복무한 다음 자신의 관심사였던 패션 산업으로 진로를 변경하게 됩니다.

패션 분야에 아무런 지식이 없었던 랠프는 첫 직장으로 수트 브랜드 브룩스 브라더스(Brooks Brothers)에서 판매 보조로 짧게 근무했습니다. 그후 넥타이 회사인 리베츠(Rivetz)에서 일하며 본격적으로 패션업에 발을 들였습니다. 비록 정식으로 패션 디자인을 공부한 적은 없었지만, 디자인에 대한 타고난 감각과 자신만의 브랜드를 만들겠다는 포부로 조금씩 성장해나갔습니다. **그의 머리에는 늘 언젠가 세계적인 패션 디자이너가 되겠다는 열망이 가득했습니다.** 그는 패션을 단순한 의류가 아닌 문화와 스타일을 상징하는 요소로 보고, 그에 맞는 브랜드를 설립하고 싶어했습니다. 그렇게 28살이 되던 해, 그는 넥타이 업계에서 손꼽히는 제작자인 보 브러멜(Beau Brummell)을 설득해 폴로(Polo)라는 이름의 패션 라인을 설립하고, 패션 디자이너로서 본격적인 첫발을 내디뎠습니다.

그가 첫 번째로 도전한 분야는 넥타이 컬렉션이었습니다. 당시 신사복에서 넥타이는 좁은 형태에 어두운 색을 사용하는 것이 특징이었습니다. 그는 여기에서 틈새 시장을 파고들었습니다. 넥타이가 패션의 한 분야로 제대로 인정받지도 못하던 시절에 그는 넓은 면에 화려한 무늬와 색상을 자랑하는 독특한 디자인의 넥타이를 만들기 시작했습니다. 고급스럽고 세련된 느낌을 살린 폴로의 넥타이는 빠르게 인기를 끌었습니다.

원치 않았던 공부를 하기 위해 대학에 다닐 때도 그의 머리에는 패션 디자인만이 가득했습니다. 생각에 생각을 거듭하다 보니 디자인에 대한 꿈은 나날이 강렬해졌고, 부모님의 바람을 뒤로할 만큼 성공할 수 있다는 자신감도 넘치게 되었습니다.

랠프 로런은 말 그대로 디자인에 미친 사람이었습니다. 의류 업체의 판매 보조, 영업사원으로 일하면서도 끊임없이 다른 사람의 옷을 관찰했고 그 과정에서 오히려 비전공자이기에 파격적인 디자인을 시도할 수 있었습니다. 그는 일단 자신이 원하는 분야에 뛰어든 다음 부족한 부분은 몸으로 부딪치며 경험으로 채워나갔습니다. 늘 패션을 생각하다 보니 생각의 흐름 역시 저절로 창조적인 방향으로 뻗어나갔습니다.

그의 부모님은 가족을 위해 성실하게 일했지만 가난을 면치 못했습니다. 자녀가 대학에 입학해 자기들보다는 더 나은 삶을 살기를 원했지만 성공에 이르는 새로운 길은 열어주지 못했습니다. 자신들처럼 하기 싫어도 억지로 일해야만 먹고살 수 있는 방법만을 알려주었습니다. 하지만 랠프는 그런 삶을 선택하지 않았습니다. 원하는 단 한 가지 생각을 마음에 품고 그 꿈을 이루기 위한 방향으로 조금씩 걸어갔습니다. 그리고 마침내 눈앞에 기회가 다가왔을 때, 이를 놓치지 않고 꽉 붙잡아 한 분야의 최정상에 오를 수 있었습니다.

여러분은 어떤 삶을 원하나요? 풍요롭고 여유로운 삶인가요, 아니면 힘들어도 참고 최선을 다하는 삶인가요? 무작정 열심히 살아야 한다는 생각에서만 벗어나도 자신이 가진 한계가 얼마나 무궁무진한지 발견하게 됩니다. 우리는 고생하기 위해 태어나지 않았습니다. 이제는 한계를 설정하는 생각이 모두 사라지도록 원하는 생각만으로 머릿속을 가득 채울 차례입니다.

많은 사람이 저에게 질문합니다. "어떻게 노력하지 않고 성공을 얻을 수 있죠?" 그러면 저는 이렇게 대답합니다.

"당장 일어나서 실행하는 것은 성공에 이르는 방법이 아닙니다. 꿈을 이룰 방법을 먼저 생각해야 합니다."

우리보다 앞서 성공한 사람 중 몇몇은 생각하지 말고 지금 당장 자리에서 일어나 무엇이든 하라고 등을 떠믿습니다. 하지만 그렇게 해서 제대로 되는 일이 있던가요? 생각하지 않고 무작정 행동하면 작심삼일로 끝날 확률이 높아질 뿐 아니라 반복되는 실패로 인해 뇌에서는 패배감이 당연해지는 신경가소성이 일어납니다. 결국 행동은커녕 생각하는 일조차 버겁게 느껴지는 상황에 이르게 됩니다.

문제는 자기 확신입니다. 스스로를 믿지 못하고 될지 안 될지 모르면서 헛된 노력만 퍼붓다 보면 뇌는 될 이유보다는 안 될 이유를 찾습니다. 이는 부정적인 생각을 강화하고 기꺼이 어떤 일을 하고 싶은 마음보다 하기 싫어서 피하고 싶은 마음을 만들어냅니다. 이것이 바로 좌절과 낮은 자존감이 탄생하는 뇌의 기전입니다. 이런 생각의 끝에는 '자책'이 있습니다. "내가 늘 그렇지 뭐", "어차피 나한테는 그걸 해낼 능력도 없었어", "나는 평생 이렇게 살거야"처럼 나약한 자신을 비난하는 생각에 빠집니다. 그래서 '당장 일어나서 무엇이든 하라'라고 말하는 사람들의 말은 무책임한 실언입니다.

한 가지 생각만 하다 보면 행동이 자연스럽게 따라 옵니다. 단, 여기서 가장 중요한 것은 조바심을 내려놓는 것 그리고 행동을 하든 하지 않든 한 가지 생각은 계속 되어야 한다는 것입니다. **자신이 그리는 성공의 그림이 구체 적일수록, 그리고 그 그림을 바탕으로 성공하려는 열망이 간절 할수록 성공에 이르는 방법 역시 명확하게 보이기 시작합니다.** 그 과정에서 생기는 실패조차 뇌에서는 이를 성공의 과 정으로 받아들이고 이를 극복할 방법까지 보여줍니다.

랠프 로런은 부모님의 바람대로 대학에 진학했었지 만 머릿속은 원하지 않는 공부 대신 패션에 대한 생각 으로 가득했습니다. 그 덕분에 부모님이나 주변 사람들 이 그에 대해 어떻게 판단하더라도 자신의 꿈을 이루어 낼 수 있는 열망이 생긴 것입니다. 만약 그 역시 부모님 때문에 억지로 공부하고 있다는 불편한 생각에만 집중 하면서 힘들어도 그 삶이 맞다고 생각했다면 지금처럼 세계적인 의류 브랜드가 탄생할 수 있었을까요? 아마도 남성 패션 디자인 산업은 지금보다 10년은 뒤처졌을 것입니다.

뇌가 바뀔 때까지 생각만 하면 됩니다. 이만큼 쉬운 방법은 없습니다. 자꾸 실천을 먼저 하려고 하다 보니 제한 신념에 걸려 스스로 넘어지는 것입니다. 스스로 생각의 주인이 될 때까지 원하는 생각을 수시로 할 수 있도록 훈련해봅시다. 일상생활에서 운전할 때, 운동할 때, 심심할 때, 기분이 가라앉을 때, 심지어 무엇도 하고 싶지 않을 때에도 습관처럼 "나는 천억 원을 벌었다"라고 떠올려봅시다. 그렇게 한 발 한 발 내딛다 보면 어느덧 내 마음대로 생각을 좌우할 수 있는 주체적인 사람이 되어 있을 것입니다.

내 인생의 CEO가 돼라

매일같이 부자가 된다는 자기 확신으로 마침내 성공에 이르게 된 저는 브레인 리셋의 가치를 다른 많은 사람에게도 전하고 싶었습니다. 그리고 저의 경험을 듣고 싶어하는 사람이라면 누구에게나 열린 마음으로 정보를 공유했습니다. 지금은 수많은 사람으로부터 성공 스토리와 더불어 불면증, 우울증, 불안장애가 사라졌다는 소식들을 하루도 빠짐없이 듣습니다.

그런데 처음 뇌의 신경가소성에 대한 이야기를 접한 사람들이 어려워하는 부분이 있었습니다. 자꾸만 잡생각이 끼어들어 한 가지 생각에만 집중하기가 너무 어렵다는 것입니다. 이것은 당연한 현상입니다. 내 마음인데 내 마음대로 되지 않는다는 사실을 알아차려야 합니다. 학창 시절부터 성인이 되어 사회생활을 시작하고 나서까지 우리는 부모님, 선생님, 상사, 회사가 시키는 대로 주어진 일을 묵묵히 해왔을 뿐, 생각의 주인이 된 적은 거의 없었기 때문입니다.

돌이켜 생각해봅시다. 정말 뇌를 내가 원하는 방향으로 써본 적이 있나요? 화장실, 엘리베이터, 버스 정류

장, 헬스장, 횡단보도 등 잠깐의 시간이라도 생기면 우리는 음악이든 유튜브든 무엇이라도 틀어두고 그 소리에 집중합니다. **스스로 생각할 수 있는 시간을 견디지 못하고 허전하고 귀찮은 마음에 다른 매체에 나의 오감을 맡겨버립니다. 즉, 무엇을 생각할지조차 혼자서 선택하지 못해서 뇌의 기능을 제한하고 가능성을 차단합니다.** 스마트폰이 보편화되면서 이런 현상은 훨씬 더 심해졌습니다.

실제로 우리는 대부분 시각, 청각, 후각, 촉각 등의 감각기관을 통해 외부 자극을 받고 들어오는 정보로 생각을 만들어냅니다. 완벽하게 혼자서 하는 생각은 극히 드뭅니다. 하지만 세상에 존재하는 독창적인 발명품과 아이디어는 단 하나의 예외도 없이 누군가의 상상으로부터 시작됩니다. **눈에 보이는 것이 전부가 아닙니다. 세상에 없는 새로운 것을 상상할 수 있을 때 우리는 월등하게 앞서나갈 수 있습니다.**

이 책을 읽는 내내 계속해서 이야기할 것입니다. 여

러분에게는 세상에 없던 무언가를 찾아낼 무한한 능력이 있습니다.

만약 가만히 있어도 주변에서 돈을 벌 기회와 방법들이 계속해서 눈에 띈다면 기분이 어떨까요? 실제로 그 기회를 놓치지 않고 내 것으로 만드는 법도 알게 되었다면 또 어떨까요? 가만히 앉아서 아무것도 하지 않고 지켜보기만 할까요?

여기 방문판매를 하던 지극히 평범했던 영업사원이 자신에게 다가온 기회를 놓치지 않고 꽉 잡아 인생을 기적처럼 변화시킨 사례가 있습니다.

여성 속옷 회사 스팽스(Spanx)를 만든 사라 블레이클리(Sara Blakely) 대표입니다. 그녀는 2014년 포브스 선정 최연소 여성 억만장자 자리에 올랐고, 현재 그녀의 자산은 약 13억 달러(한화 약 1조 8,000억 원, 2021년 기준)로 추정됩니다. 그녀는 2014년에 세계에서 가장 영향력 있는 여성 93위로 뽑히기도 했습니다.

사라는 사업을 하기 전까지 계속해서 실패한 패배자

였습니다. 플로리다 주립대학교에서 커뮤니케이션을 전공했지만 관련 업종에 취업하지 못했고, 변호사가 되기 위해 로스쿨에 지원했지만 로스쿨 입학시험에서 낮은 점수를 받아 두 번이나 처참하게 떨어지면서 변호사를 포기했습니다. 이후에는 디즈니랜드에서 짧게 일하면서 종종 스탠드업 코미디에 도전하기도 했습니다.

그렇게 몇 번의 실패 끝에, 그녀는 현실적으로 돈을 벌어야겠다는 생각에 단카(Danka)라는 회사에 입사해 팩스를 판매하는 일을 시작했습니다. 이 일은 꽤 적성에 맞았지만, 그즈음 그녀는 다른 일에 눈을 돌렸습니다. 일상생활에서 우연한 계기로 한 가지 불편함을 발견하고 이를 개선한 새로운 제품을 개발해야겠다고 마음먹은 것입니다. 바로 스타킹이었습니다. 기존의 스타킹은 오픈 토슈즈를 신었을 때 발끝 부분이 도드라져 지저분해 보였습니다. 과감하게 발목을 자른 스타킹을 만들면 깔끔해 보이면서 체형까지 보정해줄 수 있어 여성들에게 도움이 될 수 있을 것 같았습니다.

문제는 초기 투자비용이었습니다. 당시 사라의 전 재산은 5,000달러, 현재 물가로 약 1,000만 원에 불과했습니다. 그녀는 제품이 개발되기만 하면 성공할 자신이 있었지만, 이를 궤도에 올릴 방법을 전혀 몰랐습니다. 아는 공장도 없었고, 디자인도 할 줄 몰랐고, 판매처를 뚫기도 어려웠습니다. 그나마 찾은 공장들에서는 여성 속옷 시장이 이미 레드오션이라고 못을 박았습니다.

　　그러나 이미 사라의 머릿속은 단 한 가지 생각으로 가득 차 있었습니다.

　　'발목 없는 스타킹은 모든 여성에게 필요해!'

　　그러자 뇌는 서서히 방법을 찾아나갔습니다. 가장 먼저 그녀는 양말 공장이 몰려 있는 노스캐롤라이나로 떠났습니다. 예상한 대로 그곳에서는 협업을 제안한 모든 공장으로부터 거절을 당했습니다. 하지만 마침내 한 공장이 긍정적인 답을 보내왔고, 드디어 제품을 생산할 수 있게 되었습니다.

　　이때까지도 사라는 팩스 방문판매원으로 일하고 있

었기 때문에 낮에는 회사 일을, 밤과 주말에는 사업을 홍보하며 본격적인 투잡 생활을 시작하게 되었습니다. 그녀는 영업의 달인도 아니었고 홍보 마케팅에 투자할 큰돈도 없었지만, 다행히 사람을 만나는 일에는 익숙했기에 백화점을 돌면서 담당자들을 설득하고 또 설득해 제품을 입점시키고 조금씩 브랜드를 알려나갔습니다. 그러던 어느 날, 오프라 윈프리가 스팽스의 스타킹을 속옷 대신 매일 착용한다고 밝히면서 거대한 성공의 발판을 마련하게 되었습니다. 이후 수많은 헐리우드 여배우들이 스팽스의 속옷을 착용하면서 스타들의 애용품으로 자리매김했고, 그 반향으로 일반인들에게도 필수품으로 사랑받을 수 있었습니다.

그렇게 사라는 스팽스라는 기업을 21년 만에 12억 달러의 가치를 가진 기업으로 일구었고, 2021년에 절반 이상의 지분을 사모펀드인 블랙스톤(The Blackstone Group)에 넘기면서 기업에 새로운 전환점을 마련했습니다. 지분 매각이 성사되었을 때, 그녀는 모든 직원에게 두 장의 비행기 일등석 티켓과 1만 달러의 보너스를 지급해 화제가 되기도 했습니다.

사라는 회사가 궤도에 올라 안정될 때까지 결혼하지 않고 오로지 일에만 매달렸습니다. **이처럼 그녀가 사업에 몰두할 수 있었던 이유는 그녀의 어머니와 할머니로부터 물려받은 메시지를 삶의 모토로 삼았기 때문입니다. 그것은 바로 "내 인생의 CEO가 돼라"라는 말이었습니다.**

삶의 주인이 된다는 말은 내 생각을 내 의지대로 움직일 수 있다는 뜻입니다. 뇌의 방향키를 내 손에 쥐고 가고 싶은 방향으로 나아간다는 의미입니다. 결과적으로 실패를 염두에 두지 않고 오로지 성공을 향해 나아가는 데만 몰두한다는 것입니다.

그녀는 실패를 거듭하던 때에도 성공할 능력을 이미 갖고 있었습니다. 늘 더 나은 삶을 살고자 하는 마음으로 열심히 살았습니다. 하지만 그럴수록 지루한 일상이 반복될 뿐이었습니다. 그러다 자신이 불편하게 생각하는 것을 불편하게만 여기기보다는 이를 통해 자신이 원하는 것을 알아차리기로 마음먹었습니다. 그렇게 개선된 아이디어가 떠올랐고, 모두에게 필요한 제품이라는 확신이 드는 순간 이것을 실행에 옮기지 않을 수 없었습니다. 원하는 것을 알아차리고 그 생각만 반복하면 뇌는 가장 딱 맞는 아이디어를 찾아줍니다.

대부분의 사람들은 성공한 사람들의 머릿속 생각이 아닌 그들이 보여주는 행동만 따라 하는 경향이 있습니다. 그러나 뇌 자체가 바뀌지 않으면 노력할수록 더 힘들어지거나 작은 성과가 나오더라도 다시 원점으로 돌아가는 삶이 반복됩니다. 결국 내가 무의식중에 하는 말, '내면 언어'를 바꾸어야 원하는 대로 일이 이루어지기 시작합니다.

무한한 능력은 성공을 이루겠다는 한 가지 생각만으로도 충분히 발현됩니다. 그러면 뇌는 가장 적절한 타이밍에, 적합한 상황으로 정답을 찾아줍니다. 이제 우리는 뇌가 우리의 인생을 성공시킬 수 있도록 반복적인 생각으로 뇌의 흐름만 바꾸면 됩니다.

처음에는 익숙하지 않아 다소 어색하고 어렵게 느껴

42

질 수 있습니다. 하지만 매일 훈련을 지속하다 보면 이보다 쉬운 일이 없다는 것을 깨닫게 될 것입니다. 혼자 하기 어렵다면 인리치 아카데미 홈페이지에 접속해서 라이브로 함께 훈련에 참여해보세요.

뇌는 무의식대로 세상을 경험한다

근로복지공단을 비롯한 다섯 개 기관에서 분석한 바에 따르면 과로로 인한 심혈관계질환 사망자 수는 2017년부터 2021년까지 2,503명입니다. 즉, 매년 500명 이상의 사람들이 과로로 인해 사망하고 있다는 뜻입니다. 이 통계에는 1인 자영업자나 플랫폼 노동자 등은 포함되지 않으므로 실제로는 훨씬 더 많은 수의 노동자가 매년 과로로 유명을 달리하는 셈입니다. 세상이 가르쳐준 대로 잘 살기 위해 몸이 부서져라 일했는데, 이에 대해 제대로 된 보상을 받기는커녕 자신의 수명도 채우지 못하고 안타깝게 세상을 떠난 것입니다.

==열심히 공부하고, 최선을 다해 일하면 언젠가는 성공한다는 전제는 틀렸습니다.== 한동안은 무조건적인 열심이 경쟁 사회를 부추기고 정신 건강에 악영향을 끼친다는 이유로 워라밸이나 욜로를 추구하는 삶의 경향성도 나타났지만, 다시 찾아온 경기침체로 인해 노력의 중요성을 강조하는 메시지는 여전히 우리 주변을 떠다니고 있습니다. 오히려 중년 이상의 세대는 열심히 살지 않는 젊은 사람들을 보며 나약하다고 꾸짖기 일쑤다 보니 여전히 많은 사람이 매일같이 자기 착취 상태로 내몰리고 있습니다.

'노력'의 기본 전제는 "나는 부족하다"라는 무의식적인 언어입니다. 어떤 사례가 있는지 볼까요?

- 지금보다 더 열심히 해야 성공할 수 있다.
  - → 내 능력은 여전히 부족해.
- 살이 빠지면 좋겠다.
  - → 지금 나는 너무 뚱뚱해.

44

- 친구들 사이에서 인기가 많아지고 싶다.

  → 나는 늘 외롭고 불행해.

노력을 요하는 일에는 늘 현실에 대한 부정적인 생각이 반영됩니다. 뇌는 자신의 무의식이 흐르는 대로 세상을 경험합니다. 부족하기 때문에 노력해야 한다는 마음을 품고 있으면, 늘 나의 부족한 점만 발견하게 됩니다. 삶은 배우거나 해야 할 일들로만 채워지고 조급한 마음에 무턱대고 이것저것 시도하다가 결국 지쳐서 모든 것을 포기하기에 이릅니다. 여기에 부자가 되는 방법이 있을까요? 아니요. 아까운 시간과 에너지만 쓸 뿐 돌아오는 보상은 전혀 없습니다.

저는 창업을 한 지 3년도 채 되지 않았지만, 로또에 세 번 당첨된 것만큼의 돈을 벌었습니다. 천억 원을 벌기로 마음먹었을 때, 저는 행동으로는 당장 무엇도 옮기지 않았습니다. 매일같이 "나는 천억 원을 벌었다"라고만 되뇌었죠. 그러다 보면 웹소설을 쓸 때 계속 스토리가 떠오른 것처럼 돈 버는 방법이 틀림없이 저에게 저절로 찾아올 것이라고 믿었습니다.

그러던 어느 날 우연히 친구가 듣는 온라인 강의를 함께 듣게 되었습니다. 그 강의는 마케팅 자동화 프로그램을 만들고 사용하는 방법에 대한 것이었습니다. 한 달에 220만 원이라는 값비싼 비용이었지만 그럼에도 1년 후에 프로그램을 제대로 만들지 못하는 사람이 수두룩했습니다. 심지어 추후 프로그램을 자신의 사업에 접목하려면 구독료로 한 달에 50~80만 원이라는 고정 비용을 지불해야 했습니다.

이 말을 듣고 눈이 번뜩였습니다. '프로그래머를 고용해서 저 기능들을 모두 편하게 사용하게 해주자. 그럼 큰돈을 벌 수 있겠다.' 사업을 진행하는 과정에서 나쁜 사람에게 뒤통수를 맞고 사기를 당하기도 했지만, 그를 통해 홈페이지와 프로그램을 어떻게 만들어야 할지는 명확하게 배웠습니다. 비싼 값에 인생 교훈을 얻고, 이후에 정말 좋은 개발자를 만나 훨씬 빠르고 수월하게 일을 처리할 수 있었습니다.

그렇게 창업 3개월 만에 프로그램이 완성되며 3억 8,000만 원의 매출을 올렸고, 그 뒤로도 여러 방법으로 계속해서 돈을 벌 기회를 만들어내면서 매출은 꾸준히 상승했습니다.

제가 개발자에게 주문해서 만든 프로그램은 기존에 나와 있는 프로그램을 결합해 재구성한 것일 뿐이었습니다. 완전히 새로운 발명품이 아니었습니다. 제가 성공을 이룰 필드는 이미 세상에 갖춰져 있었습니다. 단지 이전까지는 이를 돈으로 전환할 생각을 하지 못했던 것뿐입니다. 세상에는 이루 말할 수 없을 만큼 많은 문제가 산적해 있고, 그중 단 하나만 해결할 수 있으면 큰 성공은 저절로 찾아옵니다.

아마존 베스트셀러 『크러쉬 잇!』을 쓴 저자이자 4,500만 팔로워를 보유한 소셜미디어 세계의 1인자인 게리 베이너척(Gary Vaynerchuk)은 어릴 적부터 돈의 흐름에 관심이 많았습니다. 베이너척의 성장 환경을 보면 당연하다는 생각이 듭니다. 왜냐하면 그의 집은 인맥도 지인도 없이 소련에서 미국으로 이민을 간 집으로서, 무엇보다도 생존이 최우선인 환경에서 하루 벌어 하루 사는 삶의 연속이었습니다. 돈을 못 번 날에는 기분이 안 좋고, 돈을 번 날에는 기분이 좋은 부모님을 보면서 베이너척은 어릴적부터 돈을 많이 버는 것이 좋은 일이라는 생각이 굳어졌습니다.

그는 눈치가 빨랐습니다. 부모님이 운영하시는 주류 가게 계산대 옆에서 손님이 어떻게 움직이는지 보면서 어떤 술이 빨리 팔리는지 관찰하고, 재고가 쌓이면 돈이 묶인다는 것을 직접 보면서 자랐습니다. 그렇게 그의 머릿속은 돈의 흐름에 대한 생각으로 가득했고, 불과 만 7세의 나이에 레모네이드 판매, 야구 카드 거래, 플리마켓에서 장난감 되팔기 등을 하면서 마진을 만드는 구조를 체험하며 돈 버는 뇌를 완성했습니다.

베이너척은 비즈니스를 책 밖에 있는 가게 바닥에서 배웠다고 이야기했습니다. 학교에서는 돈의 흐름을 가르쳐주지 않았으므로 공부에는 관심이 없어서 학교 성적은 영 좋지 못했다는 말도 덧붙였습니다. 결국 그는 돈의 흐름을 생각해야 부자가 될 수 있다는 것을 알아차렸고, 계속해서 어떻게 하면 더 많이 흘러들어오게 할지를 생각했습니다.

그가 지금까지 달성한 기록은 한 사람이 해낸 것이라고는 믿기 어려울 만큼 어마어마합니다.

- 2006년: '와인 라이브러리 TV(Wine Library TV)' 웹 캐스트 시작. 이커머스 + 이메일 마케팅으로 단 1년 만에 매출 300만 달러에서 6,000만 달러로 20배 성장.
- 2009년: 동생 AJ 바이너척과 함께 디지털 마케팅 에이전시 바이너미디어(VaynerMedia) 설립.
- 2016: 7년 만에 직원 600명, 연 매출 1억 달러(한화 약 1,400억 원) 돌파.
- 스냅챗, 페이스북, 트위터, 우버 등 스타트업 기업에 초기 엔젤투자자로 참여. 기업들이 연이어 성공을 거두며 막대한 부를 축적. 현재 순자산 약 2억 달러(한화 약

2,800억 원, 2024년 기준)로 추정.

베이너척은 시대의 흐름을 읽을 줄 아는 사람이었습니다. 소셜미디어라는 도구를 그저 일상을 공유하는 용도로만 사용하지 않고 자신을 브랜드화는 데 가장 효율적으로 사용함으로써 세상에 큰 영향력을 끼치며 엄청난 수의 팔로워를 모았습니다. 그리고 이것이 그에게 큰 부와 명예를 가져다주었습니다.

성공한 사람들은 자신만의 성공 공식을 세우고 이를 발판 삼아 부와 명예를 얻습니다. 기존에 있는 시스템을 활용하는 방법에도 능합니다. 나의 뇌가 성공을 향해 긍정적인 방향으로 나아간다는 확신이 생겼다면 어떤 환경에 있든 무의식이 당신을 성공으로 이끌 것입니다. 그 결과는 나의 1년, 10년 후를 지금과는 완전히 다르게 변화시킵니다.

이 책에서는 돈 버는 뇌를 만드는 실제 방법과 우리가 앞으로 경험할 일들을 나열해나갈 것입니다. 그리고 실제로 어떤 훈련을 얼마나 해야 할지도 구체적으로 알려드릴 것입니다. 이 책을 다 읽을 때쯤이면 돈을 벌 방법이 도처에 널려 있었음에도 기회를 찾지 못한 스스로에게 놀라게 될 것입니다.

지금까지 읽은 내용만으로도 이제 성공은 이미 여러분들 안에 잠재하고 있다는 사실을 깨달았을 것입니다. 다음 장으로 넘어가기 전에 브레인 리셋을 완성하는 문구를 아직도 포스트잇에 적어서 붙여두지 않았다면, 가장 먼저 이것부터 시작해봅시다. 책을 읽는 것만으로는 부족합니다. 틈나는 대로 나의 뇌를 성공하는 법칙에 노출해 생각의 주인이 되는 훈련을 해보시기 바랍니다.

한 가지 생각에 집중하면 뇌의 능력이 깨어난다

우리는 어떤 한 분야에서 다른 사람이 범접할 수 없는 위치를 차지한 사람을 전문가라고 부릅니다. 이런 사람들은 대개 수십 년 동안 자신이 속한 분야에서 최고가 되기 위해 한 가지 생각에만 골몰합니다. 음악, 체육, 미술, 문학과 같은 예체능 계통은 물론이고, 기술직이나 아주 평범한 사무직이더라도 다른 곳에 눈길을 주지 않고 묵묵히 자기 자리를 지키다 보면 어느새 누구보다 더 높은 자리에 올라갈 수 있습니다.

하지만 **생각을 집중하기 위해 반드시 필요한 일이 있습니다. 바로 뇌의 용량을 확보하는 것입니다.** 사람의 뇌는 원래 한 가지 생각에만 집중할 수 없게 설계되어 있습니다. 오감으로 받아들이는 외부 자극이 너무나 많기 때문이죠. 앞서 말한 것처럼 1초에 들어오는 외부 정보는 무려 1,100만 비트입니다. 대부분의 정보값이 순식간에 사라지지만, 뇌는 무의식중에 어떤 정보를 버리고 어떤 정보를 남길지 처리하는 과정을 거칩니다. 따라서 뇌가 꼭 필요한 생각을 할 수 있는 시간과 용량을 확보하기 위해서는 불필요한 정보 프로세스를 최소화하는 것이 매우 중요합니다. **말하자면 뇌의 '미니멀리스트화'입니다.**

필즈상은 수학계의 노벨상이라고 불리는 수학자들의 꿈 같은 상입니다. 4년에 한 번씩 2~4명에게 수여해 평균적으로 1년에 한 명만 수상이 가능합니다. 우리나라에도 이 상을 받은 수학자가 있습니다. 한국계 미국인이자 프린스턴대학교 수학과 교수인 허준이 박사입니다. 그는 대학원 시절 수학계에서 50년 가까이 풀리지 않았던 난제인 '리드 추측'을 해결해 수학계를 놀라게 했고, 2015년에는 또 다른 난제인 '로타 추측'도 풀어냈습니다. 그 외에도 10여 개의 난제를 풀어내면서 주목받기 시작했습니다.

허준이 교수는 필즈상 수상 후 〈유 퀴즈 온 더 블록〉에 출연해 난제를 풀 때의 마음가짐에 대해 이야기했습니다. 최대한 잡생각이 들어올 자리를 만들지 않기 위해 일상을 가능한 한 단순하게 유지하는 것이 그의 비결이었습니다. 매일 똑같은 옷을 입고, 똑같은 곳에 가서 식사하고, 똑같은 시간에 잠드는 것처럼 말입니다. 삶을 단순화하지 않으면 예기치 못한 외부 자극이 들어와 생각을 흩뜨릴 수도 있기 때문입니다. 그렇게 모든 신경을 한 가지에만 집중하면서 난제에 대한 새로운 아이디어가 떠오를 때까지 스스로에게 시간적 기회를 주다 보면 어느새 문제가 풀리게 된다고 합니다.

허준이 교수가 처음부터 수학 천재로 불렸거나 자신의 분야를 흔들림 없이 개척한 것은 아닙니다. 그는 학창 시절에 시인이 되고 싶은 마음에 글쓰기에 매진하겠다는 이유로 고등학교를 자퇴했습니다. 하지만 어린 나이에 자유로운 시간이 통째로 주어지자 오히려 방황하고 허송세월 하다가 꿈을 이루지 못했습니다. 다시 마음을 다잡고 공부에만 집중해 서울대 물리학과에 진학했습니다. 그리고 이후 수학계의 저명한 인사들과 교류하며 수학자로서의 길을 차근차근 걷기 시작했습니다.

수학이란 말만 들어도 머리가 지끈지끈하신가요? 어렸을 때 풀지 못하는 문제로 가득한 시험지를 받아 들고 절망적인 기분을 한 번이라도 느껴본 분들이라면 허준이 교수가 이룩한 업적이 훨씬 더 대단해 보일 것입니다. 하지만 **어떤 사람이라도 자신이 하고자 하는 일에 집중해 일상을 단순화하면 위대한 수학자도 될 수 있습니다.** 그중에서도 가장 쉬운 일이 바로 돈을 벌 방법을 찾는 것입니다.

생각하기가 어렵다면 뇌에 자리를 마련해주는 일부터 시작해야 합니다. 잡생각으로 가득한 뇌의 용량을 일상을 단순화하는 방식으로 비워내고 외부 자극을 최대한 줄인 상태에서 부자가 되고 싶다는 생각을 심습니다. 허준이 교수의 말처럼 새로운 아이디어를 찾을 때까지 시간적 기회를 주다 보면 뇌의 무한한 능력이 스스로 해답을 찾아가게 됩니다.

당장 무엇을 해야 할지도 모르는 상황에서 무작정 행동으로 옮기는 것은 무한한 능력을 자신의 삶을 힘들게 만드는 데 사용하는 것과 같습니다. 성공하고 싶다면 다음의 몇 가지 과정을 따라가면서 뇌의 미니멀리스트를 매일 실행해봅시다.

- 일정한 시간에 가만히 앉아 오로지 한 가지 생각에만 집중한다.
- 잡생각이 떠오르면 억지로 지우려고 하기보다 다른 생각을 한다는 것을 알아차리고 다시 원하는 한 가지 생각에 집중한다.
- 서서히 생각이 자유로워지는 것을 경험한다.

이렇게 하다 보면 돈을 벌 수 있는 아이디어가 나도 모르게 떠오릅니다. 그리고 그다음에 행동하면 성공 확률을 크게 높일 수 있죠. 그런데도 실천을 못하겠다면 어떻게 하면 더 쉽게 그 아이디어를 구현할 수 있을까를 생각하고 방법을 찾으면 됩니다. 가장 피해야 하는 일은 방법이 떠올랐을 때도 '내가 과연 잘 할 수 있을까?' 하고 의심하며 불신하는 것입니다. 그 의심이나 불신이 사라질 때까지 계속 생각하는 훈련을 이어가면 그 어떤 장애물도 뛰어넘는 방법을 스스로 찾고 성공하는 삶으로 들어가게 됩니다.

뇌에 어떻게 여유 시간을 부여할지 고민해봅시다. 그 어떠한 생각보다 내가 원하는 생각 한 가지에만 집중해봅시다. 그러면 뇌가 그 생각에 관련된 것들만 받아들이는 상태로 변화되고, 그러다 보면 저절로 답이 떠오르는 경험을 하게 될 것입니다.

천재성을 깨우는 것은 생각보다 단순하다

사람들은 천재성이 선천적으로 타고나는 것이라고 여기지만, 대부분의 천재는 어떤 한 분야에 완전히 미쳐 있을 때 탄생하는 후천적인 영역입니다. 수학의 천재는 단순히 기존의 공식을 적용해 문제를 푸는 사람이 아니라 한계를 벗어나 자기만의 공식을 만드는 사람입니다. 미술의 천재는 유행하는 그림을 따라 그리는 사람이 아니라 자신만의 화풍을 창조하고 새로운 사조를 이끄는 사람입니다.

사업 역시 그렇습니다. **사업의 천재는 기존에 나와 있는 제품이나 서비스를 단순히 제공하는 데서 그치지 않고 불편한 점을 개선해 세상에 없는 새로운 아이디어로 승부를 걸어 큰 수익을 내는 사람입니다.** 그들은 명확한 비전으로 자신이 나아가야 할 길을 명확히 바라보며 걸어갑니다. 늘 목표 지점을 확실하게 정하고 그곳에 가장 빨리 도달할 수 있도록 한 가지로 생각을 모으고 답을 찾아냅니다. 결과만 보는 우리는 그들을 천재 혹은 전략가라고 부르지만, 세상의 어떤 사람도 생각의 주인이 되어 한 가지 목표에만 집중할 수 있다면 자신 역시 천재였다는 사실을 금세 깨닫게 될 것입니다.

남매라는 독특한 관계로 맺어진 음악가인 악뮤는 그 둘의 관계성만큼 성장 과정이 특별한 것으로도 유명합니다. 악뮤의 부모님은 선교사라는 직업 때문에 이찬혁이 열두 살, 이수현이 아홉 살이었을 때 몽골로 선교를 떠났습니다. 물론 두 사람도 함께 몽골로 이주해 한국에 비해 즐길거리가 많지 않은 비교적 단조로운 환경에서 성장하게 되었습니다.

둘은 몽골에서 1년가량 외국인 학교에 다녔지만, 경제적 문제로 학업을 이어갈 수 없게 되자 이후부터는 홈스쿨링을 시작했습니다. 꽉 짜인 공교육의 틀에서 벗어나 시간을 자유롭게 쓸 수 있게 된 두 사람은 주변 환경 덕분에 어려서부터 쉽게 접해온 음악과 악기에 더욱 매진하게 됩니다. 공부하는 시간 외에는 남매가 함께 작곡을 하거나 노래를 부르거나 춤을 추면서 무료한 시간을 달랬다고 합니다.

하지만 이들은 정식으로 음악 교육을 받지는 않았기 때문에 음악을 즐기는 방식이 자유분방했습니다. 기본적인 코드를 사용하는 것 외에는 어디에도 얽매이지 않는 자유로운 스타일로 리듬을 만들고 여기에 자신들의 일상적인 이야기를 가사로 덧붙여 넓은 스펙트럼의 음악을 창조적으로 탄생시켰습니다. 그리고 이것이 〈K팝스타2〉의 출연으로 이어져 음악 서바이벌 프로그램 사상 최고의 천재성을 보여줬다는 호평과 함께 마침내 우승을 차지했습니다.

악뮤는 데뷔 초에는 주로 포크, 어쿠스틱 장르의 노래를 작곡해서 불렀고 이후에는 발라드, 재즈, 댄스곡 등 다양한 장르를 넘나들며 대중적인 사랑을 받고 있습니다. 하지만 이들은 특정 장르에 얽매이고 싶어하지 않았습니다. 어떤 인터뷰에서는 '악뮤'라는 것이 하나의 장르가 되길 원한다고 말한 적도 있습니다. 그 바람대로 이들의 음악은 이제 하나의 장르가 되었습니다. 다른 가수들이 따라 할 수 없는 개성 있는 가사와 화음으로 누구나 즐기는 편안한 음악을 마음껏 만들어내고 있습니다.

악뮤가 이렇게까지 성장할 수 있었던 것은 어려서부터 뮤지션이 되겠다는 꿈이 있었기 때문입니다. 집안 형편 때문에 음악 교육을 체계적으로 받을 수는 없었지만, 대신 자신들에게 주어진 시간에는 항상 음악을 생각했습니다. 그러다 보니 일상생활의 아주 사소한 부분에서도 영감을 얻을 수 있었습니다. 악뮤의 대표곡 중 하나인 〈Give Love〉가 모바일 게임 '애니팡'에서 힌트를 얻어 작사 작곡되었다는 이야기는 아주 유명합니다.

뇌를 훈련하면 주변에서 내 목표에 맞는 아이디어들이 쉽게 눈에 띕니다. 그 방향대로 따라가기만 해도 답이 보입니다. "큰돈을 벌고 싶다"는 생각도 마찬가지입니다. 처음에는 막연하고 불가능해 보이는 목표지만, 차츰차츰 그 지점에 다가갈 수 있게 됩니다. 일상생활에서 불편한 점이 보이면 이를 상품화해 사업을 시작하거나 한 번도 도전해보지 않았던 분야에 접근을 시도해볼 수도 있습니다.

몽골이라는 먼 나라에서 화려한 연예계와는 동떨어진 채 한 번도 오디션에 응모해본 적이 없던 악뮤가 어떻게 최고의 뮤지션이 될 수 있었을까요? 누군가는 이것을 기적이라고 할 것입니다. 하지만 여러분도 기적을 이루는 삶을 꿈꿀 수 있습니다. 여러분의 뇌가 가진 능력을 꼭 믿으시길 바랍니다.

몸과 마음까지 살리는 브레인 리셋

얼마 전 『부의 역설』 저자 강연에서 있었던 일입니다. 350석을 꽉 채운 분들에게 그날도 우리의 무한한 능력에 대한 이야기를 하며 무사히 강연을 잘 마치고 사인회를 진행하는 중이었습니다. 그런데 한 분이 제 앞에 오시더니 이렇게 말씀하셨습니다.

"대표님 덕분에 제가 살았습니다."

그 말을 듣자 마음이 울리면서 왈칵 눈물이 쏟아졌습니다. 그분도 사인회를 마치고 화장실로 뛰어가 정말 많이 울었다고 하셨습니다.

그분의 사연은 이랬습니다. 그는 제대로 된 직장에 취업하기는커녕 남들과 같은 평범한 삶을 사는 것조차 힘들 만큼 늘 실패만 경험했습니다. 그러다 보니 죽지 못해 사는 심정으로 꾸역꾸역 매일을 버티고 있었습니다. 어느 날은 너무 견디기가 어려워 죽으려는 마음까지 품었지만 그것마저도 뜻대로 되지 않아 고통스러워했습니다.

그러다 우연히 저의 책을 읽게 되었고, 유튜브를 찾아 보면서 자신의 무한한 능력을 알아차리기 시작했습니다. 다시 한번 마음을 다잡고 살아보고자 멤버십 강의까지 신청해서 강의 내용대로 실천하다 보니 떠오르는 아이디어가 생겨 실행에 옮겼고, 첫 달에 900만 원을, 그다음 달에 1,000만 원이 넘는 소득을 올릴 수 있었다고 합니다. 그는 저에게 생명의 은인이라며 정말 고맙다는 말을 연신 하셨습니다.

또 한번은 이런 후기도 받았습니다. 이분은 남편과 이혼하고 홀로 아이를 키우고 있었습니다. 배우라는 직업을 가지고 있어서 경제적으로 어렵지는 않았지만, 싱글맘으로 치열하게 살다 보니 전 남편에 대한 불만, 내 선택에 대한 죄책감과 후회 등으로 불면증이 찾아오고 늘 많은 스트레스를 받고 있는 상태였습니다.

그러다 저희가 진행하는 생각훈련에 참여하게 되었습니다. 끊임없이 따라다니던 부정적 생각을 보내고 원하는 생각으로 가득 채우는 법을 익히자 꽉 막혔던 가슴이 쑤욱 내려가며 건강도 되찾고 몸이 가벼워졌습니다. 지금은 호텔을 인수해 리모델링하고 사업을 확장해나가며 원하는 꿈을 이룰 방법에 설레어하며 행복한 나날을 보내고 계시다고 합니다.

생각훈련 세미나를 하다 보면 불면증, 우울증, 자살 충동, 공황장애 등이 사라졌다는 이야기를 후기로 남겨주시는 분들을 많이 보게 됩니다. 물론 당장 나쁜 마음을 먹을 만큼 증상이 너무 심한 경우에는 전문 의료진의 도움을 받아야겠지만, 평소 늘 우울감을 겪고 일상생활을 정상적으로 이어갈 수 없을 만큼 상태가 좋지 않다면 결국에는 스스로 자신의 생각과 마음을 다스리는 방법을 터득해야 합니다.

앞에서도 이야기했듯 우리가 브레인 리셋을 하는 목적은 건강 회복이 아닙니다. 천억 원을 벌고 성공하기 위해 우리의 뇌를 원하는 방향대로 움직이는 것입니다. 그런데 어떻게 이런 훈련만으로 약을 먹지 않아도 마음

64

이 편안해지고 건강을 되찾을 수 있는 것일까요?

  ==우리 몸에서 일어나는 대부분의 증상들은 내가 의도하지는 않았지만 저절로 떠오르는 불편한 생각들에 몸이 잠식되어 일어나기 때문입니다.== 부정적인 주변 환경과 사건, 갑작스럽게 찾아온 스트레스 문제로 인해 늘 몸과 마음이 긴장되어 있으면 불편한 생각을 한다는 의식조차 하지 못한 채 서서히 몸이 나빠지게 되는 것입니다. 이러한 상태를 인지하지도 못한 채 이유도 모르고 힘들게 사는 사람들이 너무나 많습니다.

  사실 저에게는 이런 후기를 남기는 분들이 적지 않습니다. 내면 언어 프로그램을 진행하고 "밖으로 나가 걷고 싶어졌다", "엘리베이터 대신 계단으로 오르게 됐다", "골반이 아파서 오랫동안 거동이 불편했는데 운동하고 싶다는 생각이 들어 뒷산에 올라갔다 왔다" 같은 사연이 수시로 올라옵니다. 그중에서도 "과체중에 허리디스크로 와병 생활을 하던 중 인리치 강의를 듣고 30킬로그램 이상을 감량하고 당뇨병이 완치되었다. 이제는 허리도 완치되어서 하프 마라톤까지 뛴다"는 사연이 가장 기억에 남습니다.

무의식중에 하는 생각을 바꾸면 자아상이 바뀝니다. 자아상이 바뀌면 뇌는 우리에게 그에 맞는 에너지를 분배해줍니다. '병은 마음먹기에 달렸다'라는 말이 근거 없는 이야기는 아니라는 뜻입니다. 이에 대해서는 과학적으로 검증된 결과도 있습니다.

하버드대학교 심리학과의 피터 앵글(Peter Aungle)과 엘런 랭어(Ellen Langer) 교수는 피실험자 서른세 명을 대상으로 지각 시간과 상처 치유의 영향을 파악하는, 일종의 '플라시보 효과'를 알아보는 연구를 진행했습니다. 실험은 피실험자를 세 팀으로 나누고 피부에 작은 멍을 만들어 각각 치유에 걸리는 시간을 확인하는 방식이었습니다. 실험 시간은 모두가 28분으로 동일했지만, 1번 팀은 시계를 조작해 시간이 두 배 느리게 가도록 만들어 56분처럼 느끼게 했고, 2번 팀은 조작 없이 28분을 그대로 적용했습니다. 마지막으로 3번 팀은 시간이 두 배 빠르게 가는 것처럼 조작해 14분처럼 느끼게 했습니다. 실험은 총 세 차례에 걸쳐 진행되었습니다.

놀랍게도 세 팀은 물리적으로 같은 시간을 보냈지만 56분이 지났다고 생각한 팀의 치유 속도가 가장 빠른 것으로 나타났습니다. 즉, 실제로 걸리는 시간이 아니라 자신이 실제로 어느 정도 시간이 지났는지 믿는 것이 치유 속도에 영향을 주었다는 뜻입니다.

엘런 교수는 이와 비슷하게 수면이 신체 반응에 미치는 영향도 실험했습니다. 이번에는 피실험자 열여섯 명에게 다섯 시간을 자게 하고 이를 두 그룹으로 나눠 한 그룹에는 실제 수면 시간을 알려주고, 다른 그룹에는 여덟 시간 수면으로 속여서 신체 반응 속도와 뇌파를 찍어봤습니다.

역시나 적은 수면을 취했다고 생각한 그룹은 신체 반응이 느려지고 수면을 더 취하고 싶어하는 뇌파가 확연히 보였습니다. 반대로 여덟 시간을 잤다고 생각한 그룹에서는 신체 반응 속도가 향상되었고, 뇌파에서도 졸음과 관련된 데이터가 거의 확인되지 않았습니다.

무의식의 힘은 이처럼 놀랍습니다. **우리는 생각한 대로 행동합니다. 평소 우리가 무의식중에 하는 생각은 신체와 생활의 흐름을 완전히 바꿔놓습니다.** 긍정적인 생각을 많이 하는 사람은 긍정적으로, 부정적인 생각을 많이 하는 사람은 부정적으로 삶이 흘러간다는 의미입니다. 암이나 치매처럼 큰병에 걸렸을 때도 마찬가지입니다. 낙심하고 걱정하기보다는 병을 이겨낼 수 있다는 마음가짐을 먹은 사람의 치료 경과가 훨씬 더 좋게 나타납니다.

이제 우리는 자신에게 무엇이든 가능하게 바꾸는 무한한 능력이 있다는 사실을 알게 되었습니다. 이번 장에서 건강한 자아상을 갖는 일의 중요성을 알게 되었다면 이제부터는 이를 실천하는 방법을 차근차근 배워갈 차례입니다.

마지막으로 한 번 더 외쳐봅시다.

- 나는 무한한 능력이 있다.

- 나는 천억 원을 벌었다.

- 나는 건강하고 활력이 넘친다.

2
Exit

빠져나와라!

성공을
가로막는
노력에 대한
믿음을

당신이 돈을 위해 열심히 일할 수도
있고, 돈이 당신을 위해 열심히 일할
수도 있다.
당신이 돈의 노예가 될 수도 있고,
돈이 당신의 하인이 될 수도 있다.
시간을 돈과 바꿀 수도 있고,
당신의 시간을 보존하면서 소득을
창출할 수도 있다.

_롭 무어Rob Moore

파산 후 3년 만에, 서른 살에 경제적 자유를 획득한 영국의 자수성가
사업가이자 『레버리지』의 저자

나를 가두는 제한 신념에서 벗어나라

1장에서 살펴본 것처럼 우리의 뇌는 신경가소성에 따라 자신이 생각하는 방향으로 끊임없이 확장됩니다. 생각이 현실을 만들고, 현실은 삶을 바꿉니다. 많은 사람이 "언제까지 이렇게 살아야 할까?", "좋은 날이 오긴 올까?" 같은 의문 속에서 살아갑니다.

반면 어떤 사람은 끊임없이 좋은 아이디어가 떠올라 자기만의 사업을 하고 싶은 마음에 잠을 줄이면서까지 일에 몰두합니다. 그 둘의 미래는 어떻게 달라질까요? 결과는 자명합니다.

주관적인 시간 흐름에 대해 연구한 랭어 교수는 사실 그보다 노화에 대한 연구로 더 유명합니다. 그는 한 실험에서 70대 중후반의 노인들을 20년 전 환경에서 일주일간 살게 하면서 신체의 변화를 알아보았습니다. 소위 '시계 거꾸로 돌리기 연구'였습니다. 그 결과 노인들은 시력 때문에 포기했던 독서를 다시 할 수 있게 되었고, 지팡이 없이는 외출이 어려웠던 사람도 스스로 걸을 수 있게 되었습니다. 이것은 마음의 전환이 삶을 바꾼다는 사실을 단적으로 보여준 놀라운 실험이었습니다. 그는 이 연구 결과에 대해 "노인들의 발목을 잡는 것은 신체가 아닌 신체적 한계를 믿는 사고방식"이라고 결론 내렸습니다.

이처럼 몸은 마음의 상태를 반영합니다. 우리가 '부자가 될 생각'을 하면 뇌는 그 답을 찾기 시작한다는 뜻입니다. 다만, 뇌가 새로운 방식으로 작동하려면 일정한 시간이 필요합니다. 지금까지 수십 년 동안 타인의 가치관과 환경에 의해 형성된 사고방식이 우리의 뇌를 지배해왔기 때문입니다.

"나는 천억 원을 벌었다"라는 말도 처음엔 당연히 황당하게 들립니다. 저 역시 마찬가지였지만, '가능하다면 해보자'는 마음으로 계속 되뇌다 보니 점점 '정말 가능할지도 모른다'는 믿음이 생겼습니다. 그리고 어느 순간부터는 내가 속한 환경 안에서 돈을 벌 수 있는 방법들이 눈에 들어오기 시작했습니다. 이것이 우연일까요?

이 말을 들으면 과거의 저처럼 "그렇게 큰돈은 필요없다"라고 말하는 사람도 있습니다. 하지만 이런 생각조차 '나는 그럴 자격이 없다'는 제한 신념에서 비롯된 생각입니다. 제한 신념이란 한정된 시각이나 사고방식을 가지고 자신의 가능성을 스스로 차단하는 것을 의미합니다. 이렇게 제한 신념이 생기는 배경에는 어린 시절에 부정적 생각을 하도록 만든 성장 환경이나 삶을 뒤흔들 만한 과거의 특정 사건이 영향을 미칠 수 있습니다.

하지만 이런 부정적인 마음은 과감하게 부숴야 합니다. 이 신념에 도전하지 못하면 누구도 성장과 성공에 다가갈 수 없습니다. 세상에는 몇 년 만에 수천 억, 수조 원을 버는 사람도 많습니다. 그들과 평범한 사람의 차이는 '뇌의 구조'가 아니라 '생각의 구조'입니다.

"나는 천억 원을 벌었다"라는 말도 마찬가지입니다. 의심과 부정적인 생각이 따라오는 것도 뇌가 낯선 생각에 저항하는 자연스러운 반응입니다. 중요한 것은 이런 부정적인 생각을 '아, 내가 지금 의심하고 있구나' 하고 알아차리고, 다시 원하는 생각으로 돌아오는 훈련을 반복하는 것입니다.

이 과정은 단순한 자기암시가 아니라 '내 생각의 주인이 되는 힘'을 기르는 과정입니다. 뇌과학적으로도 한 가지 생각에 집중하는 것만으로 뇌의 특정 기능이 활성화된다는 연구 결과가 있습니다. 즉, "나는 천억 원을 벌었다"라는 생각을 지속적으로 하면, 뇌는 점차 돈을 벌 수 있는 기능과 사고 패턴을 활성화시키는 방향으로 재구성됩니다.

의심이나 불편함이 떠오를 때마다 의심을 자각한 뒤

다시 생각을 전환하세요. **'이제 생각의 주인은 나니까, 내가 원하는 대로 생각하겠다'는 태도를 유지하는 것이 핵심입니다.** 그렇게 뇌가 바뀌면 자연스럽게 그다음 단계인 '어떻게 천억 원을 벌 수 있을까?'라는 질문이 뇌 속에 자리 잡게 됩니다.

사람들에게 이 단계를 설명할 때 자주 등장하는 질문이 있습니다.

"이미 가진 것처럼 믿는다면, 그걸 얻기 위한 방법을 생각하는 건 모순 아닌가요?"

그러나 운동선수가 세계 챔피언이 된 자신을 상상한다고 해서 아무런 훈련도 하지 않고 챔피언이 될 수는 없습니다. 세계적인 골프 선수인 타이거 우즈는 경기 전에 자신의 샷을 미리 시각화하고 실제 경기에서 이를 똑같이 실행한다고 인터뷰하기도 했습니다. 즉, 상상은 행동을 이끄는 정신적 기반이라는 뜻입니다. 따라서 우리가 큰돈을 벌 수 있다고 계속해서 되뇌는 것 또한 본격적인 실행에 앞서 '부를 창출할 수 있는 자아상(自我像)'

을 만드는 과정입니다.

이렇게 '할 수 있다'는 믿음이 자리 잡으면, 뇌는 세상이 돌아가는 방식을 새롭게 보기 시작합니다. "아, 이렇게도 돈을 벌 수 있구나", "이건 내가 더 잘 만들 수 있겠다"라고 하는 통찰이 쌓이면 아이디어 하나로도 인생이 바뀔 수 있다는 확신이 생기고, 생각하는 시간이 의심스럽거나 괴롭지 않고 오히려 즐거워집니다.

이때 주의할 점은 조바심을 내지 않는 것입니다. 아이디어가 바로 떠오르지 않아도 괜찮습니다. 조급함은 '아이디어가 안 떠오른다'라는 부정적 신호를 뇌에 각인시킬 뿐입니다. 그보다는 '나는 곧 아이디어를 떠올릴 것이다'라는 믿음만 유지하면 됩니다. 즉, 다음과 같은 단계를 밟으면서 실제로 부자가 되는 일에 한 걸음씩 다가가면 됩니다.

- **"나는 천억 원을 벌었다"를 실현하는 방법**

1단계: 자아상 수립하기

→ "이렇게 큰돈은 필요 없다."(×, 제한 신념)

→ "어떻게 천억 원을 벌 수 있을까?"(○, 자아상 수립)

2단계: 긍정적 신호 찾아내기

→ "아이디어가 안 떠오른다."(×, 부정적 신호)

→ "나는 곧 아이디어를 떠올린다."(○, 긍정적 신호)

가장 먼저 '내 삶에서 불편한 점'을 찾아봅시다. 아주 사소한 것이라도 괜찮습니다. 내가 불편하다고 느끼는 지점을 적어보세요. 많을수록 좋습니다. 예를 들어, 사용 중인 앱의 UI가 불편하다면 '이 버튼을 다른 쪽으로 옮기면 편할 텐데'라는 생각에서 출발할 수도 있습니다. 광고가 많아 불편하다면, 광고 없이 앱을 수익화할 방법을 고민해볼 수도 있습니다.

이렇게 한 가지 생각에 꾸준히 집중하다 보면, 어느 순간부터 돈을 버는 아이디어가 나를 찾아오는 경험을 하게 될 것입니다. 지금부터는 이를 실천할 수 있는 직접적인 방법들에 대해서 하나씩 설명해나갈 것입니다.

노력하는 뇌 VS. 성공하는 뇌

삼성 이건희 회장은 "천재 한 명이 10만 명을 먹여 살린다"라는 유명한 명언을 남겼습니다. 이러한 '천재 경영론'은 제조업을 넘어서 현재의 IT 기업과 같은 미래형 기업을 겨냥한 발언으로, 천재 한 명에서 비롯된 혁신과 창조의 에너지가 어떻게 한 기업을 수만 명이 일하는 매머드 기업으로 키울 수 있는지 예견한 것입니다.

이처럼 성공하는 사람들은 노력하는 사람들에게 양질의 일자리를 제공합니다. 세상이 정한 기준에 따라 '노력'하며 열심히 사는 사람은 차고 넘칩니다. 하지만 이들은 창의적인 생각으로 기술과 서비스를 발전시키는 리더가 고용해주지 않으면 스스로 생산적인 가치를 창출해내기는 어렵습니다.

쉽게 한 식당을 예로 들어볼까요? 아침부터 밤늦게까지 가게를 운영하는 성실한 사장님이 있다고 가정해 봅시다. 늘 같은 시간에 문을 열고 재료를 정성껏 준비하는데도 가게에 찾아오는 사람은 손에 꼽을 정도로 적습니다. 아무리 하루에 열두 시간씩 가게를 지킨다 하더라도 자기 밥벌이도 못할 만큼 손님이 찾아오지 않아 손해를 보고 있다면 계속 가게를 운영해야 할 이유가 있을까요? 그래서 회사를 다니다가 특별한 아이디어도 없이 성실함 하나만 믿고 자영업에 뛰어든 수많은 사람이 결국 문을 닫게 되는 것입니다.

물론 그렇게 가게를 연 사람들은 어느 누구 못지않게 열심히 일했을 것입니다. 새벽부터 재료를 준비하고 수십 년 동안 회사에 다니면서 배운 대로 '나를 갈아 넣어 일하면 된다', '끝까지 버티면 된다'라고 생각했을지도 모릅니다. 하지만 우리가 사는 세상은 노력으로만 성공의 문을 열어주지 않습니다.

그 이유는 단순합니다. **'열심히 살아야 한다'고 믿는 사**

람의 뇌는 '어떻게'를 찾지 않고 '무엇을'만 찾기 때문입니다. 이러다 보면 환경을 개선하는 데 집중하기보다는 지금 당장 눈앞의 일을 처리하는 데만 급급해집니다. 시간이 지날수록 해야 할 일은 늘어만 가고, 몸과 마음은 지쳐 더 이상 아무것도 할 수 없는 때가 오고 맙니다. 결국 준비 자금이 바닥나고, 건강이 무너지고, 관계마저 흔들립니다.

반면, 성공하는 뇌를 가진 사람들은 눈앞의 작은 할 일에 연연하지 않습니다. 오로지 머릿속으로 '성공할 생각'만을 합니다. 위기가 닥쳐도 그 안에서 기회를 봅니다. 일을 실행하기 전에 어떤 모습으로 성공하고 싶은지 뇌의 상태를 리모델링하는 일을 먼저 시작합니다. 결국 넘어지더라도 다시 일어나고, 또 해냅니다.

노력하는 뇌	성공하는 뇌
• '무엇을' 해야 하는지에 집중함 • 눈앞의 일을 처리하는 데 급급함 • 위기에 대처하지 못하고 무너짐	• '어떻게' 할 것인지에 집중함 • 장기적으로 크게 성장할 방법을 고민함 • 위기를 기회로 삼음

실패 속에서도 끊임없이 도전하고 생각의 전환을 접목해 위기에서 벗어나 성공 가도에 들어선 대표적인 사람이 있습니다. 바로 KFC의 창업자이자 커널 샌더스로 알려진 할랜드 데이비드 샌더스(Harland David Sanders)입니다.

샌더스는 젊은 시절부터 수많은 사업을 시도했지만, 늘 실패하기 일쑤였습니다. 사업뿐만 아니라 결혼 생활에도 실패하고 지방선거에 출마해서 낙선하는 등 다방면에서 성공적인 삶과는 거리가 멀었습니다. 다행히 식당을 차린 뒤에는 자신만의 치킨 요리 비법으로 소위 '맛집' 반열에 올라 한동안 승승장구했지만, 어느 순간부터 매출이 점점 줄어들더니 만 65세가 되었을 때는 결국 파산을 당해 식당을 정리해야 했습니다.

하지만 샌더스의 놀라운 인생 여정은 이때부터가 시작이었습니다. 그는 식당 매각 대금과 연금 등으로 풍족하진 않아도 궁핍하지 않은 노년을 보낼 수 있었지만, 그대로 멈추지 않았습니다. 자신의 레시피를 전국적인 프랜차이즈로 퍼뜨려야겠다는 새로운 꿈을 품게 되죠. 그가 가진 것은 단 하나, 누구보다 맛있는 치킨 레시피뿐이었습니다.

샌더스는 낡은 포드 자동차 하나를 개조해 전국을 돌아다니며 프라이드치킨 레시피를 홍보하기 시작합니다. 레시피를 팔려고 할 때마다 수많은 가게에서 문전박대를 당해도 전혀 굴하지 않았습니다. 일설에 따르면 그는 무려 1,008번의 거절을 당하고 1,009번째로 들어간 식당에서 레시피 판매에 성공했다고 합니다. 그리고 그 식당의 주방장은 훗날 웬디즈 올드 패션드 버거즈(Wendy's Old Fashioned Hamburgers)의 창립자인 데이브 토머스(Dave Thomas)라고 알려져 있죠.

이후 토머스는 샌더스에게 메뉴의 종류를 줄이고 대표 메뉴 하나에만 집중하라는 것과 직접 광고에 나서라는 조언을 해줍니다. 그 결과 우리가 잘 아는 백발에 콧수염을 기르고 지팡이를 짚은 KFC의 할아버지 마스코트가 탄생하게 됩니다.

KFC는 마침내 전 세계에 600개 이상의 가맹점을 보유하 어마어마한 요식업계 공룡으로 성장했습니다. 그는 70세 이후에 자신의 지분을 200만 달러(현재 가치 약 300억 원)에 매각하고 초상권 로열티를 받는 대가로 경영 일선에서 물러나게 됩니다.

그가 사업을 시작하기 전부터 치킨을 만드는 레시피는 존재했습니다. 다만, 이전에는 모두가 직접 식당을 창업해 장사해야만 돈을 벌 수 있다는 생각에 갇혀 있었죠. 나이가 많고, 자신이 운영하던 식당도 사라진 샌더스는 생각의 전환을 할 수밖에 없었습니다. 바로 '돈 없이도 부를 창출할 방법'이었습니다.

이것이 바로 생각의 전환, 그리고 뇌의 재구성입니다. '힘들게 일하지 않고도 돈을 벌 수 있는 방법이 있을까?'라는 질문을 던지자, 그의 뇌가 그 답을 찾아낸 것입니다. 생각이 바뀌자 세상이 다르게 보이기 시작했습니다.

세상에는 사람들을 편하게 해주는 프로그램 하나로

큰돈을 벌며, 자신이 잘하는 일만 하면서 여유롭게 사는 사람도 많습니다. 이들이 노력하지 않는다는 뜻은 아닙니다. 다만, 그들의 노력은 '가치를 창조하는 일'에 집중되어 있습니다. 반면, '노력하는 뇌'는 '일 자체'에 몰두합니다.

일을 하며 번 돈은 스트레스를 풀기 위해 소비하고, 다시 돈을 벌기 위해 버팁니다. 결국 노력은 반복되고, 여유는 사라지는 악순환만 남습니다. 그들의 뇌는 '계속 노력해야만 한다'는 구조로 작동하기 때문입니다. 스스로를 갉아먹는 지속할 수 없는 삶의 형태입니다.

성공하는 뇌에게 돈은 창조의 결과입니다. 노력하는 뇌에게 돈은 노동의 대가입니다. 그래서 부자는 돈을 가치와 교환하지만, 가난한 사람은 돈을 희생의 대가로 여깁니다. 이 차이가 바로 부의식(富意識)의 경계입니다. 결국 답은 단순합니다. 한 가지 생각에 집중해 뇌를 바꾸는 것입니다. 생각이 바뀌면 뇌가 바뀌고, 뇌가 바뀌면 현실이 바뀝니다.

억지 긍정 VS. 진짜 긍정

성공하기 위해서는 긍정의 힘을 믿어야 한다는 말을 자주 듣습니다. '힘들지만 열심히 해보자', '불편하지만 괜찮아', '다른 사람을 돕다 보면 언젠가 나도 도움을 받겠지'와 같은 생각들이 대표적입니다.

이 이론을 대표하는 인물로 긍정심리학을 창시한 마틴 셀리그만(Martin E. P. Seligman) 박사가 있습니다. 그는 "행복은 성취, 몰입, 관계, 의미, 긍정 정서를 통해 높아진다"고 주장했습니다. 그가 개발한 긍정심리 프로그램은 구글, 미군, 하버드 경영대 등에서 교육 자료로 활용되기도 했습니다.

긍정적인 생각은 실제로 우리의 뇌를 변화시킵니다. 2004년에는 단순한 상상이나 반복된 긍정적 이미지도 뇌의 구조적 변화를 유발한다는 내용의 논문이 발표되기도 했습니다. 하지만 제대로 된 방향성 없이 무조건 참고 인내하는 것이 올바른 긍정은 아닙니다. 그것은 자동차를 잘못된 길로 안내하는 오류를 일으킨 내비게이션과 같습니다. 위의 문장들을 다시 한번 곱씹어봅시다. 그 생각들은 뇌에서 어떤 변화를 일으킬까요?

- 힘들지만 괜찮아. → 힘든 삶을 찾는 뇌
- 불편하지만 괜찮아. → 불편함을 찾는 뇌
- 다른 사람을 돕다 보면 나도 언젠가 도움을 받겠지.
  → 도움이 필요한 상황을 찾는 뇌
- 조금만 더 노력해보자. → 노력할 것을 찾는 뇌

긍정이라는 말로 포장된 부정적인 단어와 맥락이 우리의 뇌를 부정적인 방향으로 이끄는 것입니다. 따라서 우리는 진짜 긍정을 하는 방법을 배워야 합니다. 뇌의 틈바구니에 부정적인 생각이 끼지 못하도록 내가 나의 생각을 컨트롤하고 무의식적인 반응이 바뀔 때까지 같은 생각을 반복하는 연습이 필요합니다.

그렇다면 긍정의 법칙을 활용해 성공한 사람들은 처

음부터 긍정적인 사람이었을까요? 아니면 부정적인 상황을 긍정으로 바꾼 사람들일까요? 진짜 긍정을 효과적으로 사용해 성공한 대표적인 사람은 21세기의 에디슨이라고도 불리는 진공청소기 발명가 제임스 다이슨(James Dyson)입니다.

산업디자인을 전공한 다이슨은 생활 가전용품의 디자인을 아름답게 만드는 것 이외에 기술과 엔지니어링에도 큰 관심을 두었습니다. 대학에서 그는 '제품의 기술과 공학적 측면을 반영하는 목적이 있는 디자인'이라는 내용을 인상 깊게 배웠습니다. 이 모토대로 그의 회사는 집안일에 필요한 상품 그 이상으로 생활의 불편함을 야기하는 사소한 문제들을 해결하는 발명품으로 기존 가전제품 업계를 혁신하고 있습니다.

그중에서도 다이슨의 이름을 널리 알리는 계기가 된 상품은 바로 무선 청소기입니다. 그는 기존 청소기의 흡입력이 시간이 지날수록 약해지는 문제를 발견했습니다. 종이봉투에 먼지가 차면 빨아들이는 힘이 급격히 떨어졌기 때문입니다. 그는 이 현상을 보고 "봉투 없는 청소기를 만들어야겠다"고 결심합니다. 어떻게 만들 수 있을지 고민하던 중, 그는 목공소에서 톱밥을 빨아들이는 싸이클론 원심력 장치를 보고 아이디어를 얻었습니다.

다이슨은 청소기 개발에 거의 5년을 바쳤습니다. 그 동안은 미술 교사인 아내의 월급으로 생계를 이어가야 했습니다. 기술을 완성하는 동안 만든 프로토타입은 무려 5,127개에 이르렀습니다. 5,126번을 실패하고서야 마침내 자신의 목적을 달성한 것입니다. 그는 성공을 확신했기에 멈추지 않았습니다.

하지만 완성된 청소기인 'G-Force'를 가지고 여러 업체에 제휴를 제안했을 때, 또다시 거절을 당해야 했습니다. 당시 청소기 회사들은 종이봉투 판매로 추가 수익을 얻고 있었기에, '봉투 없는 청소기'는 그들의 이익 구조에 맞지 않았던 것입니다. 결국 그는 일본 시장으로 눈을 돌렸습니다. 그리고 그곳에서 제품의 성능을 인정받아 로열티 계약을 체결하고, 일본 시장에서 대히트를 기록합니다.

이 성공을 기반으로 다이슨은 다이슨 법인을 설립하고, 이후에도 일상생활의 불편을 개선하는 가전제품을 속속 소개하며 명실상부한 전 세계 가전제품 선도 기업으로 자리 잡았습니다. 결과적으로 다이슨은 자산 162억 파운드(한화 약 31조 원, 2020년 기준)를 가진 세계적 기업가가 되었습니다.

그는 이렇게 말했습니다. "불편함을 그냥 넘기지 말라. 그것을 해결하면 인생이 바뀐다." 다이슨은 불편함을 참는 대신, 이를 해결할 방법을 찾았습니다. 아무리 실패해도 언젠가는 마침내 성공에 이르리라는 확신도 있었습니다. 이러한 긍정의 힘이 다른 사람의 불편함까지 해결하는 기적을 만들어냈습니다. 뇌는 이처럼 자신이 원하는 생각에 집중적으로 몰두하면 필요한 정보와 경험을 연결해 새로운 아이디어를 만들어냅니다.

많은 사람이 여전히 그저 지금의 불편과 궁핍을 참아내는 것을 긍정이라 착각합니다. 힘들어도 참는 것, 하기 싫은 일을 억지로 하는 것, 기분이 나빠도 이해하는 것은 긍정이 아니라 회피입니다. 이런 태도는 삶을 더 나은 방향으로 이끌어가지 못합니다.

진짜 긍정은 힘든 일을 억지로 참고 버티는 태도가 아닙니다. 노력이 부족했다고 반성하며 자신을 더 큰 고생길로 몰아넣는 태도가 아닙니다. 진짜 긍정은 스스로를 혹독하게 다그치지 않습니다. "무리해서 힘을 들이지 않아도 성과를 낼 수 있는 방법은 없을까?"를 찾는 것입니다. 불편함을 해결해 다른 사람들까지 편하게 만드는 것이 진짜 긍정이며, 이것이야말로 억지로 뇌를 순응시키지 않고 활성화하는 힘입니다.

그 시작은 단 한 가지 생각에 집중하는 것입니다. 우리는 계속해서 "나는 천억 원을 벌었다"는 생각으로 성공한 자아상을 그리며 내가 생각하지 못했던 아이디어를 떠올리게 될 것입니다. 그 아이디어는 견디고 버티는 일과 정반대로 상상하는 것만으로도 무척 즐거울 것입니다. 아이디어가 떠오를 때마다 그 한 가지에 집중하는 훈련이 익숙해지면, 여러분의 현실은 무한한 가능성으로 확장될 것입니다.

뇌를 바꾸는 내면 언어 프로그램

우리는 이제 뇌를 바꾸는 일이 그 어떤 노력보다 쉽고 빠르다는 사실을 알게 되었습니다. 그리고 저는 이 방법으로 '내면 언어 프로그램'을 운영하며 많은 사람의 변화를 확인해왔습니다. 이 프로그램을 따라 하다 보면 지금까지 삶에서 왜 작심삼일이 반복되고, 금방 열정이 식어버렸는지 그 답을 찾을 수 있습니다.

먼저 내면 언어란 NLP(Neuro-Linguistic Programming), 즉 신경 언어 프로그래밍을 통해서 깨닫게 되는 무의식이 하는 말을 의미합니다. 이것은 미국의 존 그린더(John Grinder)와 리처드 밴들러(Richard Bandler)가 『마법의 구조 1(The Structure of Magic I)』이라는 책에서 처음 제시한 개념으로, 특히 의사소통과 자기계발, 심리치료 분야에서 세상을 인식하고 변화시키는 데 사용합니다. 내면 언어 프로그램은 인간의 신경학적 과정과 사용하는 언어, 그리고 행동 패턴 사이에 특정한 연관성이 있다고 보고, 이 관계를 재구성함으로써 원하는 목표를 더 효과적으로 달성할 수 있도록 돕습니다. 그리고 이를 바탕으로 뇌를 바꾸고 현실을 새롭게 창조하는 방식의 프로그램입니다.

쉽게 설명하자면, 지금까지 우리의 내면 언어는 부정적이거나 나와는 상관 없는 말로 가득했을 것입니다. '내가 왜 그랬을까' 하는 자책의 언어, '쉬고 싶다'는 회피의 언어, '잘하고 있는 걸까?'라는 의심의 언어들이 바로 그런 부정적 내면 언어입니다. 이런 부정적 내면 언어는 우리가 무언가를 결심했을 때도 좋지 않은 영향을 끼칩니다.

예를 들어, 건강을 위해 다이어트를 결심했다고 가정해봅시다. 머릿속에 '힘들다, 먹고 싶다, 운동할 시간이 없다, 피곤하다'는 생각만 가득하다면 뇌는 즉시 '운동을 가지 않아야 할 이유'를 찾아내기 시작합니다. 결국 이것은 반복적인 자기 합리화로 이어지고 다이어트는 아무 결과도 내지 못한 채 허무하게 끝을 맺게 됩니다.

하지만 반대로 뇌를 우리가 원하는 생각으로 가득 채울 수 있다면, 내면 언어 역시 긍정의 언어로 가득 채워지게 됩니다.

다이어트를 할 때도 '운동하고 싶다, 몸이 가벼워지는 게 좋다, 근력 운동이 즐겁다'와 같은 생각이 계속해서 떠오른다면 어떻게 될까요? 운동을 꾸준히 즐기면서 크게 힘들이지 않고 손쉽게 목표 몸무게를 달성할 수 있을 것입니다.

이제 우리는 무의식에 저장된 내면 언어가 삶을 이끈다는 사실을 알고 있습니다. 그래서 '나는 건강하고 활력이 넘친다, 나는 무한한 능력이 있다, 나는 운동하고 싶다'와 같은 언어를 의도적으로 프로그램함으로써 뇌를 바꿀 수 있습니다. 이 훈련 과정을 밟으면서 많은 사람이 '해야 해서 하는 행동'에서 벗어나 '하고 싶어서 하는 행동'의 뇌로 재편되고 있습니다.

흥미롭게도 사람은 뇌가 바뀌기 전까지 억지 행동을 하는 것을 어려워합니다. "생각하지 말고 일단 행동해라"라는 말이 틀린 접근법인 이유입니다. 만약 그 말이 사실이라면 가장 성공해야 하는 주체는 아마도 로봇일 것입니다. 로봇은 스스로 생각하지 않고 프로그램된 대로 움직이기 때문입니다. 하지만 지금의 기술로는 로봇이 완전히 창조적인 일을 할 수는 없습니다. 인간은 기계가 아니며 원하는 생각과 행동을 스스로 창조해낼 수 있는 존재입니다.

특정 생각을 반복하다 보면 2~4개월 차에 불편한 감정이 갑자기 몰려올 수도 있습니다. 이것은 뇌가 재구성되는 과정에서 흔히 나타나는 현상입니다. 이에 대한 가설로는 새로운 신경회로가 만들어질 때 에너지를 많이 쓰거나, 기존 회로가 붕괴되며 일시적으로 감정이 흔들리기 때문일 수 있습니다. 중요한 점은 이것이 뇌가 바뀌고 있다는 증거라는 사실입니다.

내면 언어 프로그램을 시작한 지 평균적으로 약 3개월 정도가 지나면, 사람들은 '내가 내 생각의 주인이 되었다'는 확실한 감각을 갖습니다. 부정적인 생각이 떠올라도 금방 '어떻게 하면 돈을 벌 수 있을까?'라는 질문으로 돌아오는 무의식의 흐름이 완성됩니다.

그리고 그동안 보이지 않던 돈 버는 방법들이 점차

96

눈에 들어오기 시작합니다. 이때 떠오르는 아이디어 중 상당수는 실제로 수익을 만들어냅니다. 그야말로 '돈 버는 뇌'가 작동하기 시작하는 것입니다.

이러한 내면 언어는 운동선수들이 성적을 올리기 위해 온 신경을 집중해야 할 때도 사용합니다. 미국 테니스의 전설 안드레 애거시(Andre Agassi)는 1986년 프로 선수로 데뷔한 이래 이듬해 만 17세의 나이로 ATP 투어 남자 단식에서 처음으로 우승컵을 거머쥐었습니다. 그리고 이후 쟁쟁한 선수들을 제치고 승승장구하면서 첫 그랜드슬램 대회 남자 단식 우승 겸 첫 윔블던 남자 단식 우승까지 따냈습니다.

하지만 그의 마음속에는 어린 시절 그에게 처음 테니스 라켓을 쥐어준 아버지로부터 거의 학대에 가까운 방식으로 훈련받았던 아픈 기억이 늘 자리하고 있었습니다. 애거시는 아버지 덕분에 테니스에서 빠르게 두각을 나타냈지만, 결국 프로 데뷔 후 10년째인 1996년에 눌러왔던 상처가 폭발하면서 길고 긴 슬럼프에 빠지게 되었습니다. 이 기간 중에 심지어 마약에까지 손을 대면서 여론의 뭇매를 맞기도 했습니다.

그는 부진한 성적과 흔들리는 멘털을 바로잡기 위해 세계적으로 유명한 내면 언어 프로그램 코치인 토니 로빈스(Tony Robins)의 도움을 받았습니다. 로빈스는 『네 안에 잠든 거인을 깨워라』라는 책을 쓴 자기계발 전문가로, 수십 년간 동기부여 세미나를 개최해 수많은 사람의 삶을 성공으로 이끈 입지전적인 인물입니다.

그는 애거시에게도 내면 언어 프로그램 기법을 사용하여 사고방식을 재구성하고 다시금 자신감을 쌓도록 용기를 북돋워주었습니다. 로빈스와 함께 천천히 몸과 마음을 회복해나간 애거시는 코트 위로 복귀해 밑바닥부터 다시 시작했습니다. 그리고 차근차근 우승 타이틀을 하나씩 손에 넣으며 마침내 남자 선수로는 역대 처음으로 커리어 골든슬램을 달성해 슬럼프 이전보다 더 큰 성취를 이뤄냈습니다.

생각이 명확하면 노력은 저절로 따라옵니다. 많은

사람이 성공한 이들을 보며 '엄청난 의지력'을 떠올립니다. 물론 노력이나 의지가 중요하지 않은 것은 아닙니다. 하지만 그 과정을 아무런 동기부여 없이 억지로 버틴다면 그 행동은 결코 오래가지 못합니다. 자신이 이루고 싶은 목표를 머릿속에 그리다 보면 노력은 그 뒤에 자연스럽게 따라오게 되어 있습니다.

우리는 늘 스스로에게 이렇게 질문해야 합니다.

"어떻게 하면 이 일을 더 쉽고 즐겁게 해낼 수 있을까?"

이 단 하나의 차이가 성공하는 뇌와 성공하지 못하는 뇌를 완전히 갈라놓습니다. 이제 우리는 무작정 열심히 하는 시대를 지나 내면 언어를 통해 뇌를 바꿔야 성공할 수 있는 시대로 접어들었습니다.

삶을 바꾸고 싶으신가요? 그렇다면 지금 당장 무의식을 움직이는 내면 언어에 집중하십시오. 너무 쉬워 보이지만, 실제로는 가장 강력한 방법입니다. 당신에게는 이미 모든 능력이 있습니다. 필요한 것은 단지 그 능력을 꺼내 쓰도록 도와주는 올바른 내면 언어뿐입니다.

생각의 주인이 된다는 것

우리에게는 무엇을 하든 내가 선택한 생각을 유지하는 힘이 필요합니다. 뇌는 우리가 하는 생각에 따라 그 순간 사용할 수 있는 자원을 전혀 다르게 꺼내옵니다. 그래서 생각의 주인이 되는 일이 결국 나를 지키는 일입니다.

예를 들어, 운전을 하던 중에 누군가가 갑자기 끼어들었다고 상상해봅시다. 순간적으로 기분이 나빠지면서 과속 페달을 밟거나 그 일을 잊지 못하고 하루 종일 화가 난 상태로 뇌의 에너지를 써버린다면, 그야말로 능력의 큰 낭비입니다. 스트레스를 나쁜 방식으로 푸는 데 에너지를 사용하면 더 이상 아무것도 하기 싫어집니다. 나아가 기분을 풀기 위해 평소보다 더 강한 자극을 찾는 보상의 법칙이 발동하면서 다방면으로 낭비가 발생합니다.

그렇기 때문에 긍정적인 생각 회로를 따라 살아가도록 뇌의 흐름을 바꿔야 하는 것입니다.

세상에는 놀랄 만큼 성공한 사람이 많습니다. 반면, 아무리 열심히 살아도 늘 제자리인 사람들도 있습니다. 두 집단의 가장 큰 차이는 바로 생각의 방향입니다.

대부분의 사람들은 이런 식으로 생각이 프로그램화되어 있습니다. '제대로 된 교육을 받지 못해서', '집안 형편이 어려워서', '주변 환경이 너무 안 좋아서' 할 수 있는 일이 많았는데, 외부적인 요인으로 인해 결국 하지 못했다는 것입니다. 하지만 사실은 그렇지 않습니다.

성공한 사람들의 이야기를 보면, 가난한 집에서 태어나거나 제대로 된 고등교육을 받지 못하더라도 큰돈을 벌고 성공에 이르게 된 사람이 많습니다. 가정 환경이나 주변 인맥이 성공에 아무런 영향을 미치지 못하는 것은 아닙니다. 하지만 조건을 타고난 모든 사람이 반드시 성공한다는 보장도 없습니다. 오히려 편안한 생활에 안주해버리고 내면 언어를 바꾸지 않으려는 사람이 훨씬 더 많습니다.

실제로 고학력으로 고소득 직업을 얻는 경우도 많지만, 큰 부를 이룬 사업가 중 절반 이상은 고등학교도 제대로 다니지 못했습니다. ==중요한 건 환경이 아닙니다. '지금 처럼 결핍이 있는 상황이기 때문에 오히려 성공할 수 있다'라 고 생각하는 뇌의 관점입니다.==

영국의 기업인이자 버진 그룹의 창업자인 리처드 브랜슨(Richard Branson)은 개인 자산 총액이 약 47억 달러(한화 약 6조 8000억 원, 2022년 기준)라는 놀라운 숫자 이외에도 선천적인 핸디캡을 딛고 일어난 인간 승리의 표본으로도 유명합니다.

브랜슨은 어린 시절 ADHD와 난독증 때문에 공부에 집중할 수 없었습니다. 선생님에게 '아무것도 될 수 없는 아이'라는 평가까지 들을 정도로 학업과는 거리가 멀었습니다. 다행히 운동에는 재능이 있었지만, 이마저도 무릎 부상으로 더 이상 이어나갈 수 없게 되자 결국 열여섯 살에 고등학교를 중퇴했습니다.

그러나 그의 놀라운 여정은 학교를 그만둔 직후부터 시작되었습니다. 가장 먼저 그는 《스튜던트(Student)》라는 잡지를 창간하며 첫 도전에 나섰습니다. 안타깝게도 잡지는 큰 성공을 거두지 못했지만, 이 경험으로 브랜슨은 새로운 아이디어를 발견했습니다. 그것은 바로 음반 판매 대행 사업이었습니다.

잡지를 판매하면서 만난 학생들은 비싼 가격에도 불구하고 열심히 음반을 사들이면서 음악 듣는 일을 취미로 삼고 있었습니다. 그는 음반을 우편으로 대량 주문을 받아 싸게 판매하면 큰 성공을 거둘 수 있을 것이라고 확신했습니다. 그리고 1971년, 음반 할인 판매를 시작하게 되었습니다. 이것이 바로 '버진 레코드(Vigin Record)'의 시작입니다.

그는 처음 사업을 시작한다는 뜻으로 '버진'이라는 단어를 붙였지만, 여기에는 아직 개발되지 않은 자연 그대로라는 뜻도 있었습니다. 이 이름대로 그는 기존의 방식을 완전히 벗어난 새로운 계약 방식으로 아티스트들에게 창작의 자유를 제공했고, 그 선택은 대성공을 거두었습니다.

브랜슨은 음반 사업의 첫 광고를 자신의 잡지인 《스튜던트》에 실었습니다. 적은 자본으로 최대의 효과를 누리기 위해서였습니다. 그 결과 주문이 쏟아져 들어와 사업은 점점 궤도에 오르게 되었습니다. 자본도, 배경도 없던 그는 우편 판매 아이디어로 초기 자본을 마련했고, 오프라인 레코드 숍을 열어 희귀 앨범을 구하기 어려워하던 젊은이들의 니즈를 정확히 만족시켰습니다. 그의 매장은 단순한 음반 가게가 아니라 문화 공간이 되었고, 곧 10여 개 매장으로 확장되었습니다.

브랜슨은 이후에 항공, 통신, 우주 관광 등 사업의 영역을 무한대로 확장했습니다. 그리고 마침내 버진 그룹을 탄생시키며 거대한 하나의 왕국을 건설했습니다. 그는 생각이 만든 세계를 증명한 사업가였습니다. 브랜슨이 하나의 생각에 몰입할 때는 ADHD도 난독증도 전혀 문제가 되지 않았습니다. 그의 뇌에는 '할 수 있다'는 생각과 '새로운 것을 만들겠다'는 창조적 열망만이 가득했기 때문입니다.

긍정적 몰입으로 창조적 결과를 만들어낸 또 다른

BOOK21

경제경영-인문

21세기북스는 급변하는 시대의 흐름 속에서 독자의 요구를 먼저 읽어내는 예리한 시각으로 〈칭찬은 고래도 춤추게 한다〉, 〈설득의 심리학〉 등 밀리언셀러를 출간하며 경제 경영 자기계발 분야의 독보적인 브랜드로서 자리매김했습니다.

f 21cbooks　　**◎** jiinpill21　　**▶** 21c_editors

북이십일의 문학 브랜드 아르테는 세계와 호흡하며 세계의 우수한 작가들을 만납니다. 국내에 소개되지 않은 혹은 잊혀서는 안 되는 작품들에, 새로운 가치를 담아 재창조하여 '깊고 아름다운 책'을 만들고자 합니다.

f 21arte　　 21_arte　　 staubin

원 페이지 인문학
하루 5분이면 충분한 실천 인문학

김익한 지음 | 값 19,900원

하루 한 장의 생각으로 단단해지는 '내일'아는 것'이 아니라 '사는 것'을 제안하는 365일 실천 인문학하루 한 페이지, 5분이면 충분한 성장의 시간!

김형석, 백 년의 유산
106세 철학자가 길어 올린 최후의 인간학

김형석 지음 | 값 22,000원

"백 년의 사유가 담긴 우리 시대 마지막 유산"
기네스 공식 인증, 현존 인류 최고령 저자
김형석 교수가 전하는 '만년(萬年)'의 교양

법의학자 유성호의 유언 노트
후회 없는 삶을 위한 지침서

유성호 지음 | 값 19,900원

"죽음을 떠올릴 때 삶은 더 선명해진다"
매주 죽음을 만나는 서울대 유성호 교수가 일 년에 한 번 '유언'을 쓰며 발견한 인생의 진정한 가치와 의미, 어떻게 살아가야 할 것인가에 관한 고민과 성찰!

Philos 038
신을 찾는 뇌
종교는 어떻게 진화했는가

로빈 던바 지음 | 구형찬 옮김 | 값 30,000원

'던바의 수' '사회적 뇌' 사회성 연구의 대가 로빈 던바,
종교에 대한 과학적 연구 20년의 결정판
다학제간연구로 종교의 기원과 진화 목적을 밝히다

그레이트 하모니 001, 002
아우구스투스, 알렉산드로스
리더를 위한 정치와 사상의 교양

에이드리언 골즈워디, 필립 프리먼 지음 | 각권 55,000원, 39,800원

혼돈의 시대, 리더십의 본질을 되묻다
세상을 바꾼 두 제국의 리더

자기계발

설득자
부, 성공, 행복이 따르는 설득 비법

정흥수 지음 | 값 22,000원

"듣게 하고, 믿게 하고, 움직이게 하라!"
인간관계부터 리더십·협상·사업까지,
사람의 마음을 움직이는 실전 설득법

80/20 법칙 · 80/20 법칙(행동편)
적은 노력으로 크게 성취하는 불변의 진리

리처드 코치 지음 | 각권 24,000원

"사소한 것에 매달리지 마라, 모든 것을 결정 짓는 20%에 몰두하라"
당신의 일상을 완전히 바꾸어 줄 간단한 효율의 과학
최소 노력으로 최대 성과를 내는 똑똑한 일상 설계법

직감의 힘
촉은 거짓말을 하지 않는다

로라 후앙 지음 | 값 19,900원

"성공한 리더들은 왜 직감을 단련하는가?"
조직행동학 권위자가 수천 명의 리더 인터뷰로 밝혀낸
무의식의 신호를 포착해 더 빠르고 좋은 결정을 내리는 법

관계가 술술 풀리는 감정 치트키
흔들리는 연애·일·우정을 단단하게 리셋하는 감정관리술

비치키 지음 | 값 16,900원

"감정 하나 바꿨을 뿐인데 인생이 편해졌다!"
감정의 혼란을 통찰로, 관계의 피로를 회복으로 바꾸는
누적 1억 뷰 심리 채널 비치키의 첫 감정 매뉴얼

기획의 감각
국내 1세대 A&R 프로듀서 정병기가 써내려간 기획의 세계

정병기(Jaden Jeong) 지음 | 값 18,900원

"남들이 미쳤다고 말할 때 기획은 완성된다!"
원더걸스에서 2PM, 러블리즈, 이달의 소녀, tripleS까지
K-POP 업계를 뒤바꾼 기획자의 시선, 그 혁신적 감각에 대하여

2026 한국경제 대전망
2026 ECONOMIC ISSUES & TRENDS

오철·이근 외 경제추격연구소 지음 | 값 24,000원

"경제전문가 35인이 진단한 2026 한국경제의 미래!"
기존 질서가 무너지고 새로운 판이 짜이는 신 춘추전국시대! 경제 대전환의
시기에 꼭 읽어야 할 대한민국 최고 경제전문가 35인의 미래 인사이트

정서적 연봉
월급쟁이에게 돈보다 중요한 것

신재용 지음 | 값 22,000원

"인재가 구글에 가는 건 못 막더라도
경쟁사에 뺏겨서는 안 되지 않겠는가?"
국내 최초, 조직문화에 값을 매기다.
일 잘하는 직원을 잡으려면 감정 급여를 챙겨라!

Philos 040
자유의 길
경제학은 어떻게 좋은 사회를 만들 수 있는가

조지프 스티글리츠 지음 | 이강국 옮김 | 값 34,000원

자칭 '자유의 수호자'들은 어떻게 자유를 억압해 왔는가?
오늘날 가장 오남용되는 문제적 개념, 노벨상 수상 경제학자의 눈으로 바라
본 자유

대한민국, 넥스트 레벨 2
철학·정치·사회·경제·통섭 최고 전문가 17인의
국가 재설계 제안

코리아다이나미즘포럼 편저 | 값 28,000원

"분열의 시대에 다시 함께 사는 법을 묻다!"
한국 사회 대전환의 5대 실천 코드 새롭게 일어설 대한민국을 위한 전문가
17인의 제언

초연결 지구에서 무역하라
무역은 사라지고, 연결만 남는다

양송이·최건식 지음 | 값 17,000원

"이 시대 수출은 '보내는 것'이 아니라 '보이게 하는 것'!"
수출에 대한 고정관념에서 탈피하고 전통적 수출 방식에서 벗어나
디지털 생태계 속 새로운 무역의 길을 제시한다.

사례도 있습니다. 최근 비트박스 세계 대회를 휩쓸고 있는 비트박서 '윙'입니다. 얼마 전까지만 해도 비트박스는 대중에게 음악의 정식 분야로 인정받기보다는 하나의 잔재주처럼 받아들여졌습니다.

하지만 윙의 등장으로 비트박스에 대한 인식은 확연하게 달라졌습니다. 그는 2018년 아시아 챔피언을 시작으로, 2023년 세계에서 가장 큰 규모의 대회인 그랜드 비트박스 배틀(Grand Beatbox Battle)에서 3위, 2024년 8강, 그리고 2025년에는 2위까지 순위를 끌어올리며 전 세계 비트박스 무대에서 손꼽히는 뮤지션으로 사랑받고 있습니다.

윙의 성공 비밀은 단순히 의지력이 아니었습니다. 그가 처음 비트박스를 시작하게 된 계기도 멋있어서였고, 지금도 앞날을 크게 걱정하기보다는 즐기면서 편한 마음으로 하고 있다고 밝혔습니다. 그러다 보니 전전긍긍하지 않고도 늘 머릿속에는 더 폭넓은 소리를 창조하고 싶다는 생각이 가득 차 있었습니다.

그는 방송에서 말했습니다.

"스마트폰 보는 시간이 아까워서 외출할 때는 효도폰을 써요. 지금 폰에는 녹음 파일이 천 개쯤 있고, 이전에 쓰던 아이폰에는 6,000개 정도가 저장돼 있었어요. 아마 저만 아는 것일 수도 있는데, 녹음 파일이 4,000개가 넘어가면 폰이 잠깐 멈추더라고요."

이처럼 윙이 10여 년간 쉬지 않고 달려올 수 있었던 원동력은 억지로 노력하기보다는 즐거운 마음으로 최적의 소리를 찾기 위해 자동으로 움직인 결과입니다. 이것이 바로 긍정적 몰입이 만들어내는 창조적 회로입니다.

우리가 바꿔야 하는 것은 단 하나, 생각뿐입니다. 브랜슨도 윙도 천재적으로 타고난 재능으로 성공한 것이 아닙니다. 그들은 한 가지 생각에 몰입함으로써 뇌의 회로를 완전히 바꿨습니다.

성공을 가로막는 건 나쁜 가정 환경, 가난, 낮은 교육 수준이 아닙니다. 내면 언어가 '너는 안 돼'라고 말하는 부정적 의식의 흐름입니다.

그러니 어떤 상황이든 포기할 필요가 없습니다. 직장을 다니든, 빚을 갚고 있든, 자영업을 하든, 환경이 불리하든 "나는 천억 원을 벌었다"는 생각을 반복하는 데만 집중해야 합니다. 그리고 아이디어가 떠오른다면 그 순간을 붙잡아야 합니다. 그러면 행동은 자연스럽게 따라옵니다.

3
Seize

붙잡아라!

돈이 벌리는
단 한 문장을

내가 큰 성공을 거뒀을 때는 단 하나의 일에만 모든 정신을 집중했다. 그러나 성과가 들쭉날쭉했을 때는 집중력도 여러 군데에 퍼져 있었다.

_게리 켈러Gary Keller

『원씽』의 작가. 단 세 권의 책으로 130만 부 이상을 판매한 베스트셀러 저자

감정의 주인이 되는 능력 – 알아차림 훈련

우리의 뇌에는 생존을 위해 반드시 필요한 위험 감지 센서, 즉 '편도체(Amygdala)'가 존재합니다. 편도체는 아몬드 모양을 띠고 있으며 척추동물의 대뇌에 존재합니다. 주로 하는 역할은 기억과 의사결정, 그리고 감정적인 부분인데, 특히 부정적 감정인 공포와 불안, 위험 등과 관련이 있습니다. 하지만 오히려 그런 역할 덕분에 외부에서 자극이 들어오면 이를 빠르게 감지하고, 위험 상황이라고 인식하면 즉각적인 반응을 일으켜 우리를 보호합니다.

예를 들어, 걷고 있다가 자동차가 내 쪽으로 방향을

틀면 순식간에 피하거나 큰 소리가 났을 때 귀를 막고 몸을 웅크리는 것 등은 바로 편도체가 제대로 작동하고 있다는 증거입니다. 편도체는 작은 소리나 냄새에도 민감하게 반응하게 해 위험한 상황을 미리 감지하고 벗어날 수 있도록 돕습니다.

편도체가 망가진 사람은 두려움을 느끼지 않고 무감해집니다. 외부에서 위험한 자극이 들어와도 이를 위기 상황이라고 인식하지 못합니다.

평온하고 행복한 삶에 대해 논의할 때, 많은 사람이 "스트레스 없이 살고 싶다", "화를 참아야 한다", "걱정을 하지 않아야 한다"라고 이야기합니다. 그러나 일견 부정적으로 보이는 이런 감정들은 생존을 위해서는 오히려 꼭 필요한 신호입니다.

문제는 위험 상황이 끝난 뒤에도 편도체가 계속해서 활성화되어 있으면서 스트레스와 피로가 이어질 때 나타납니다. 이런 상태가 심해질 경우, 우울증이나 불안 장애, 외상 후 스트레스 장애와 같은 다양한 정신과적

질환까지 유발할 수도 있습니다. 따라서 **편도체가 주는 불안과 공포에 과하게 좌지우지되기보다는 편도체를 '생존 센서'에서 한 단계 더 나아가 나를 성장시키고 성공에 기여하는 센서로 활용하는 것이 중요합니다.**

걷고 있을 때 마주 오던 차가 갑자기 내 쪽으로 방향을 틀면 누구나 깜짝 놀랍니다. 나의 안전을 위협받았기 때문에 화가 나는 것도 당연합니다. 하지만 상황이 완전히 종결되었는데도 계속해서 화가 난다면 점차 내 속에서 불필요한 에너지가 소모되기 시작합니다. 공포, 화라는 감정은 이미 그 역할을 다 했으므로 이제는 안도, 평안 같은 감정이 찾아와야 하는데 그러지 못하기 때문입니다.

이런 패턴이 반복되면 비슷한 상황에서 보복 행동이나 충동적인 상황으로 이어질 수 있습니다. 이때 우리가 앞에서 연습한 내면 언어를 잘 활용한다면 감정의 방향을 충분히 바꿀 수 있습니다. "저 사람 때문에 기분 나쁘다"가 아니라, "나는 안전하게 대처했다. 나는 침착하고 현명하다. 그래서 나는 성공할 수 있다"라는 식으로 편도체의 반응을 나에게 유리하게 재해석해 원하는 생각을 붙잡아두면, 뇌는 어떠한 상황에서든 원하는 생각을 활성화할 수 있게 됩니다. 실제로 운전자의 행동은 내 성공과는 아무런 관련이 없지만 내가 붙잡은 생각으로 인해 내가 성공할 수밖에 없는 이유를 찾아내는 것입니다.

불편한 상황을 맞닥뜨리거나 불편한 제품을 사용할 때도 마찬가지입니다. 짜증과 불만에 머무르고 있어봐야 달라지는 것은 없습니다. 대신 "왜 이렇게 불편하지?" → "이 문제를 해결하면 얼마나 많은 사람에게 도움이 될까?" → "결과적으로 큰 가치를 만들어낼 수 있지 않을까?"와 같은 식으로 질문을 계속해서 확장해보는 겁니다. 앞에서도 이야기한 것처럼 긍정은 단순히 참는 게 아니라 불편함을 알아차린 뒤 그 속에서 문제 해결 기회를 찾는 능력이기 때문입니다.

결국 우리는 위협을 감지하는 편도체를, 단지 나를

보호하는 용도로 사용하는 것이 아니라 나의 가능성과 부를 확장시키는 센서로도 활용할 수 있습니다. 기분이 나쁜 감정은 뇌가 나를 보호한 결과입니다. 하지만 그동안 우리는 이 감정을 부정적으로만 바라보며 감정의 주인이 아니라 노예가 되는 경우가 많았습니다.

세계적인 래퍼 에미넴(Eminem)의 이야기는 이러한 전환의 좋은 예입니다. 그는 아버지의 부재, 마약 중독에 빠진 어머니, 가난, 어머니로부터 받은 가정 폭력, 학교 폭력 등 온갖 불우한 환경에 둘러싸여 성장했습니다. 공부에도 소질이 없었고, 고등학교 때는 유급을 세 번이나 당한 다음 결국 본격적으로 래퍼의 길을 걷기 위해 학교를 그만두었습니다.

그는 자신의 억울함과 분노를 가사로 적으면서 부정적인 감정을 '표현의 에너지'로 전환했습니다. 그가 처음 래퍼로 데뷔했을 때는 백인이라는 정체성으로 혼란을 겪었지만, 백인 힙합 그룹인 비스티 보이즈의 음반을 들으면서 자기도 할 수 있다는 자신감을 갖게 되었습니다. 그리고 주변에서 무시를 받으면 받을수록 오히려 이를 창작의 원천으로 삼아 날카롭게 완성도 높은 음악을 만들어냈습니다.

그는 분노, 상처, 불공평함을 랩으로 풀어내며 힙합 신에서 역사상 전례 없는 성공을 거뒀습니다. 한때는 정신적으로 무너지며 힘든 시기도 보냈지만, 다시 자신의 삶을 가사로 노래하며 정상의 자리로 돌아왔습니다.

에미넴은 이렇게 말했습니다. "내가 가진 전부는 분노와 공책 한 권이었다." 그의 삶은 부정적 상황이 오히려 성공의 큰 에너지가 될 수 있음을 증명합니다.

과거의 경험으로 여전히 괴로워하고 있습니까? 그것에 발목을 잡혀 성공하지 못할 거라고 좌절하고 있나요? 우리에게 있는 어떤 부정적 경험 또한 모두 기회의 씨앗으로 삼을 수 있습니다. 생각의 주인이 되는 첫 번째 단계는 내 생각을 알아차리는 것, 그리고 편도체가 반응했을 때 그 감정을 내가 원하는 방향으로 이끄는 것입니다. 대부분의 혁신적인 성공은 좋은 환경이 아니라

'불편한 환경'에서 탄생한다는 점을 기억합시다.

인간은 감정을 통제하기보다는 감정의 신호를 해석하는 존재입니다. 편도체는 우리를 위험에서 보호하려고 반응하지만, 그 반응이 길어지면 나를 소모시키는 감정이 됩니다. 불편함과 분노는 제거해야 할 쓰레기가 아니라, 창조·혁신·성장의 에너지원이 될 수 있다는 사실을 한 번 더 기억하면서 결국 성공한 사람과 그렇지 않은 사람의 차이는 그 감정을 어떻게 해석하고 사용하는가에 달려 있다는 것을 명심합시다.

가난한 뇌 VS. 부자의 뇌

평소에는 잘 의식하지 못하지만, 우리의 뇌는 자주 보거나 듣거나 생각하는 방향을 따라 움직입니다. 즉, 평소에 내가 무슨 생각을 하고 어떤 내면 언어를 사용하는지에 따라 삶이 결정된다는 것입니다.

심리학에서는 이와 관련해 확증 편향이라는 이론이

있습니다. **확증 편향이란 이미 가지고 있는 신념이나 기대에 부합하는 정보만 선택적으로 찾거나 해석하는 경향성을 의미합니다.** 이는 단순히 정보를 찾는 행위뿐 아니라 해석하고 기억하는 방식에도 영향을 미칩니다. 즉, 자신이 선호하는 정보는 더 잘 기억에 남기고, 반대되는 정보는 빠르게 잊어버리는 것입니다.

이러한 확증 편향은 보통 무의식적으로 발생합니다. 내가 의식적으로 어떤 정보를 받아들이고 버릴지 결정하는 것이 아니라 뇌가 자동으로 남길 정보를 선별한다는 뜻입니다.

얼마 전, 차를 타고 가다가 라디오에서 재미있는 사연을 들었습니다. 사연자는 운동을 하기 위해 필라테스에 등록한 첫날, 운동을 잘 마치고 정리할 즈음 숨을 크게 내쉬다가 자기도 모르게 코딱지가 튀어 나가고 말았답니다. 다행히 아무도 보지 못한 것 같아 모르는 척 마무리를 하려는데 갑자기 강사님이 다가와 이렇게 말했습니다.

"회원님, 코딱지 나왔죠?"

사연을 보낸 분은 민망한 마음에 "아닌데요!"라고 버럭 짜증을 내고 말았습니다. 그러자 강사가 의아하다는 표정으로 "네?" 하고 되물었습니다. 알고 보니 강사는 "후딱 지나갔죠?", 즉 시간이 후딱 지나가지 않았냐고 물었을 뿐인데, 혼자 뜨끔했던 사연자가 자신의 민망한 상황에만 집중하다가 오해를 하고 만 것입니다.

물론 이 사연은 우스갯소리로 하는 단순한 에피소드 입니다. 하지만 여기에서도 알 수 있듯 우리는 내면에서 만들어지는 인식의 렌즈로 세상을 봅니다. 자신이 무엇을 많이 보고, 많이 듣고, 생각하는지에 따라 우리가 보고, 듣고, 판단하는 세상도 달라집니다.

사실 확증 편향은 객관적인 판단을 방해하는 하나의 요소로 작용하기도 합니다. 하지만 성공을 향해 나아가는 사람이라면 이를 효과적으로 역이용할 필요가 있습니다. 우리의 뇌를 부자가 될 수 있다는 말로 새롭게 프로그램해야 한다는 뜻입니다.

우리는 세상을 있는 그대로 볼 수 없습니다. 하루에도 수많은 정보가 오감을 통해 들어오고, 그 정보와 경험, 반복된 생각이 뇌를 끊임없이 새롭게 프로그래밍합니다. 그리고 이렇게 프로그래밍된 뇌에 맞춰 세상을 재해석합니다.

그렇다면 부자로 향하는 뇌와 가난하게 사는 뇌는 어떻게 다를까요? 구체적으로 살펴봅시다.

먼저 가난하게 사는 뇌는 돈을 볼 줄 모릅니다. 힘들어야 돈이 들어온다고 생각하기 때문에 점점 더 힘든 길만 가게 됩니다. 고된 노동으로 돈을 벌기 때문에 소비할 때마다 '아깝다'는 생각이 들어 가치를 만들어내는 데 적절히 쓰지도 못합니다. 시야가 좁아 주변에 널려 있는 기회를 보지 못하고 좁은 고생길로만 걸어가기 쉽습니다.

반면 부자로 향하는 뇌는 아이디어가 되는 구조를 이해합니다. 그래서 돈을 쓸 때도 무조건 '아깝다'고 생각하기보다는 "이 아이디어가 어떻게 성장할까?", "이 경험이 어떤 가치를 낼까?"를 기대합니다.

또한 가난한 뇌는 원하는 것에 미쳐 있지 않기에 부당한 부탁이나 요청에도 거절을 잘 하지 못합니다. 타인에게 좋은 사람이어야 한다는 강박과 압박에 시달리면서 정작 자신은 힘들어도 참는 데 익숙합니다.

반면 **부자로 향하는 뇌는 원하는 것과 관련이 없는 부탁이나 요청은 마땅히 거절하며 자신이 해야 할 일에만 몰입합니다.** 다른 사람에게 잘 보이기보다는 자신이 소중하게 여기는 가치에 집중하고, 아이디어를 현실화함으로써 새로운 가치를 창출해 수천, 수만 명에게 도움을 주고 새로운 일자리를 제공합니다. 실제로 일론 머스크, 스티브 잡스, 트래비스 칼라닉과 같은 사업가들은 도덕적인 판단에서 자유롭지 못할 때도 많습니다. 그럼에도 수많은 사람이 그들을 존경한다고 말하는 이유는 세계적인 리더십을 가진 그들이 만들어낸 가치가 인류의 삶을 바꿀 정도로 혁신적이었기 때문입니다.

부자로 향하는 뇌	가난하게 사는 뇌
• 성공의 원인을 내면에서 찾음 • 돈이 되는 구조를 먼저 이해함 • 성공해서 창출한 가치로 다른 　사람에게 도움을 줌	• 성공의 원인을 외부에서 찾음 • 억지로 열심히 살려고 함 • 남을 도와야 한다는 강박이 있음

　저 역시 한때는 단순히 열심히 일하면서 다른 사람에게 성실한 사람으로 인정받으면 성공할 수 있다고 믿었습니다. 잠을 줄여가며 일하고 새벽형 인간이 되기 위해 5시에 일어나기도 했습니다. 잠깐의 짬이라도 생기면 책을 읽으면서 자기계발형 인간으로 살아남으려고 부단히 애를 썼습니다.

　하지만 시간이 지날수록 삶이 나아지기는커녕 스스로 만들어놓은 굴레에 갇혀 지쳐만 갔습니다. 결국 나는 열심히 해도 안 된다는 생각에 좌절하고 극단적으로 차라리 병에 걸렸으면 좋겠다는 나쁜 마음까지 먹게 되었습니다. 그리고 그 생각이 현실화되듯 정말로 불치병 진단을 받고 투병 생활을 시작했습니다. 가난하게 사는 뇌

로 프로그래밍했기 때문에 저절로 불행한 상황이 몰려
온 것입니다.

이런 이야기를 하면 누군가는 아마 '사람이라면 서
로 돕고 사는 게 당연하고, 누군가가 어려울 때 도와야
나중에 나도 힘들 때 도움을 받을 수 있다'라고 생각할
지도 모르겠습니다. 너무 자주 들은 말이라 당연한 이치
라고 생각할 수도 있겠지만, 저는 단호하게 이야기하겠
습니다. 이 말은 틀렸습니다.

이유는 이 말 안에 부정적 제한 신념이 포함되어 있
기 때문입니다. 이미 나중에 내 삶이 망가져서 도움이
필요할 때를 대비하는 듯한 생각, 남을 위해 희생해야
좋은 일이 생긴다는 착각 등이 은연중에 담겨 있는 말입
니다. 만약 이 말이 맞다면 타인의 부탁을 거절하지 못
하고 다 들어주는 사람들은 당연히 성공해야 합니다. 하
지만 세상을 살다 보면 오히려 그 반대의 경우를 더 많
이 보게 됩니다.

현실은 다릅니다. **내가 만들어내는 가치가 곧 내가 받는**

대우입니다. 이제 우리는 '착하게 보이기 위해 희생하는 삶'이 아니라 무한한 능력을 기반으로 가치를 창조하는 삶을 견고하게 만들어가야 합니다. 부자의 뇌를 프로그래밍하는 내면 언어를 배우고, 이를 강화하도록 합시다. 확증 편향을 역으로 이용해 뇌를 세팅함으로써 무의식 중에도 부자가 되는 방향으로 걸어갈 수 있어야 합니다.

마지막으로 강력한 생각의 힘을 경험할 수 있는 비교를 한번 해봅시다. 바로 소비자가 아닌 생산자로서 생각을 전환해보는 것입니다. 소비자로서의 사고와 생산자로서의 사고는 다음과 같은 차이가 있습니다.

소비자로서의 사고	생산자로서의 사고
• 옳고/그름, 좋음/나쁨처럼 이분법적으로 사고하고 감정 중심으로 반응 • SNS를 들여다보면 질투를 느낌 • 늘 비교하면서 스트레스를 받음 → **가난한 뇌의 전형**	• 사람들이 좋아하는 것과 필요한 것이 무엇인지 관찰 • 스트레스를 받기보다 스트레스를 해소하는 방식에 관심 • 보여지는 것 이면의 의미를 파악 → **돈 버는 뇌의 전형**

여러분은 소비자입니까, 생산자입니까? 지금까지는 소비자로 살아왔다고 하더라도 이제는 생산자로서 주체적인 삶을 살아야 할 때입니다.

신념 기반 행동회로가 성공을 결정한다

저는 처음부터 지금과 같은 성장을 예상한 사람이 전혀 아니었습니다. 다른 사람보다 머리가 좋은 것도 아니고, 저의 성공을 뒷받침해줄 든든한 배경도 갖고 있지 않았습니다. 앞에서도 언급한 것처럼 인생의 패배자처럼 아르바이트를 전전하다가 정신을 차리고부터는 '열심히 살면 성공한다'고 믿은 평범한 사람 중의 한 명이었을 뿐입니다.

그러다 언젠가는 '간절히 상상하면 이루어진다'는 신화적 메시지에 이끌려 명상과 생각 실험에 몰두하기도 했습니다. 그러나 단순한 노력이나 상상은 제 삶을 근본적으로 바꾸지는 못했습니다.

놀랍게도 저의 삶을 바꾼 것은 뇌과학이었습니다.

"반복되는 생각은 뇌 회로 자체를 바꾼다."

책에서 이 한 문장을 읽은 순간 머릿속에 번개가 치듯 번쩍하는 느낌이 들었습니다. 우리는 뇌가 하는 일을 축소해서 판단하는 경향이 있습니다. 그저 온몸의 기관이 원활하게 작동하도록 지시하고, 지식을 쌓는 창고로 기능하며, 감정을 담당한다고 생각합니다. 물론 이런 역할도 뇌가 하는 아주 중요한 일들입니다.

그러나 신경과학은 여기에서 한 걸음을 더 나아갑니다. 우리가 어떤 방향으로 생각하느냐가 뇌 구조를 재배치하고, 그 구조의 변화로 인해 삶이 완전히 뒤바뀔 수도 있다는 사실까지 밝혀냈습니다.

바뀐 회로는 다음과 같은 일들에 적용됩니다.

• **위험을 감수하는 방식**

- 문제를 바라보는 관점
- 기회를 포착하는 속도
- 실행 전략의 선택

결론적으로 '생각 → 뇌 회로 변화 → 행동 변화 → 성취'의 구조로 이어지면서 성공에 한 걸음 더 가깝게 다가가게 됩니다.

이 구조는 근거 없는 자기계발 문장이 아닙니다. 실제로 수십 년간의 신경과학과 심리학 연구가 뒷받침하는 과학적 사실입니다. 심리학에서는 이를 '기대 기반 행동(expectancy-driven behavior)'이라고 부릅니다. 기대 기반 행동이란 개인이 특정 행동을 선택하고 지속하는 동기는 그 행동의 결과가 자신에게 높은 가치를 부여하고 보상을 가져다줄 것을 기대함으로써 결정되는 현상을 의미합니다.

이것은 크게 기대(Expectancy), 수단성(Instrumentality), 가치(Valence)로 결정됩니다. 기대란 자신의 노력이 높은 성과를 낼 수 있다는 믿음입니다. 수단성은 성과가 원하는 결과로 이어질 것이라는 믿음입니다. 마지막으로 가치는 그 결과가 자신에게 얼마나 매력적인 가치가 있는지를 나타냅니다. 결론적으로 특정 행동의 결과가 자신에게 높은 가치와 보상을 가져다준다는 기대가 클수록 그 행동을 할 가능성이 커진다는 뜻입니다.

여기에서 더 나아가 내가 믿는 신념이 반복적 행동과 감정 반응을 유도한다는 뇌과학적인 개념이 등장하는데, 이것을 '신념 기반 행동회로(belief-driven neural pathways)'라고 합니다. 신념은 개인이 현실을 해석하는 기준으로써 긍정적이거나 부정적인 신념 모두 행동에 영향을 미치게 됩니다. 이러한 반복된 신념이 뇌의 신경망에 각인되면 특정 상황이나 자극에 자동적으로 반응해 연쇄 행동이 나타나게 됩니다.

이 원리는 성공한 사람들의 삶에서도 자주 나타납니다. 성공한 사람들은 자신이 무엇을 할 수 있는지, 어떻게 가능하게 만들지를 탐색하는 사고 패턴을 갖고 있습니다. 뇌는 '가능하다'고 믿는 순간, 문제를 다른 각도에서 재해석하게 되고, 기존에 보이지 않던 연결을 만들어 내며, 실패에서도 해결책을 찾아내기 때문입니다. 결국 강한 믿음은 창의성과 실행력을 여는 열쇠가 됩니다.

노벨 물리학상 수상자이자 구 소련의 물리학자인 레프 란다우(Lev Landau)는 이 원리를 극적으로 보여주는 사례입니다. 그는 20세기 최고의 수학자이자 천재로 거론되는 요한 루트비히 폰 노이만(John Ludwig von Neumann)과 비견될 만큼 남다른 지적 성취를 보여준 인물이었습니다. 그는 만 21세에 소련의 국비 지원으로 서유럽권 여러 국가의 연구소에서 공부할 수 있었는데, 이때 알베르트 아인슈타인, 닐스 보어, 폴 디랙 등 물리학의 대가들과 교류하며 자신만의 연구 기반을 다질 수 있었습니다.

그는 다른 사람의 언어로 설명된 지식을 그대로 받아들이지 않았고, 언제나 개념을 스스로 재구성했습니다. 상상하고, 가정하고, 다시 유도하는 방식으로 자신만의 사고 회로를 설계했습니다. 그 결과 란다우는 현대 물리학에서 현재까지 사용되고 있는 탄탄한 이론적인 기반을 만드는 데 혁혁한 공을 세우게 되었습니다.

그가 연구한 분야는 양자역학, 통계물리학, 유체역학, 천체물리학, 핵물리학 등 물리학과 관련된 다양한 세부 학문을 총망라합니다. 그는 이러한 집약적인 연구의 결과로 1962년에 노벨 물리학상 수상자로 선정되었습니다.

란다우는 현대 뇌과학이 전전두엽의 고차원 추론 회로를 강화한다는 사실을 입증했습니다. 란다우가 여러 분야에서 혁신적 업적을 남길 수 있었던 이유는 단순히 뛰어난 머리가 아니라, 스스로 회로를 확장하는 사고 방식을 지속했기 때문입니다.

결국 뇌는 우리가 반복하는 생각의 모양대로 성장합니다. 그 배경에는 남의 공식을 베끼지 않고 자신의 방식으로 생각하며 가능성을 믿는 사람이라는 전제가 깔려 있습니다. 이런 사람들이 더 많은 기회를 발견하고 더 효과적인 의사결정을 내리며, 마침내 더 큰 성취에 도달합니다. 이 모든 과정은 신경가소성이라는 과학적 개념에서 비롯됩니다. 나이, 배경, 과거 경험은 미래의 능력을 결정하지 못합니다. 뇌는 언제든 새로운 회로를 설계할 수 있기 때문입니다.

지금 이 순간부터는 생각의 방향을 재배치하는 훈련을 시작해봅시다. 불편한 생각이 끼어들어도 괜찮습니다. 그 생각을 알아차리고 다시 방향을 잡는 것이 핵심입니다. 이 단순한 훈련을 3~6개월 지속하면, 목표 기반 탐색 능력과 창의적 연결 능력, 기회 포착 능력, 의사결정 능력 등이 단계적으로 강화됩니다. 생각이 회로를 만들고, 회로가 행동을 만들고, 행동이 성취를 완성합니다. 이제 당신의 뇌는 어떤 방향으로 재배치되기를 원하나요?

당신이 믿는 순간, 뇌는 이미 그 신념의 구조대로 움직이기 시작합니다.

능력이 없다는 제한 신념 없애기 - 피그말리온 효과

위에서 이야기한 기대 기반 행동은 실제로 심리학에서 다방면으로 연구되어 왔습니다. 이와 관련된 가장 대표적인 개념은 '피그말리온 효과(Pygmalion Effect)'입니다. 피그말리온 효과란 타인의 기대가 실제 성과나 행동에 영향을 미치는 현상으로 조직에서의 업무 능력 향상, 학업에서의 교사의 기대 등과 관련됩니다. 그리스 신화에서 조각가 피그말리온이 자신이 만든 여성 조각상의 아름다움에 빠져 식음을 전폐하자 아프로디테가 조각상에 생명을 불어넣어 인간으로 만든 이야기에서 유래한 말입니다.

하버드대학교 심리학과 교수였던 로버트 로젠탈(Robert Rosenthal)은 1968년 최초로 피그말리온 효과를 실험으로 증명했습니다. 로버트는 학생들을 무작위로 선별하고 선생님들에게 이 아이들이 학업 성취도가 높은 학생들이라고 설명했습니다. 그리고 몇 개월이 지났을 때, 아이들의 지능을 측정하자 선별된 아이들이 그렇지 않은 학생들에 비해 성적이 훨씬 더 향상된 것으로 나타났습니다. 선생님이 아이들에게 보여준 기대감이 학업 성취도에 영향을 미친 것입니다.

또한 조직심리학자인 텔아비브대학교의 도브 에덴 (Dov Eden) 교수는 1992년에 발표한 논문에서 피그말리온 효과가 실제 조직에서 어떻게 적용되는지 정리하고 분석했습니다. 이 논문에서 그는 피그말리온 리더십 스타일은 단순히 부하직원의 기대만 높이는 것이 아니라 실제 행동 변화까지 이끌어낸다고 밝혔습니다.

리더가 "당신이 틀림없이 성과를 낼 수 있다고 믿는다"라고 표현할 때, 부하 직원은 스스로 자신의 능력치를 높게 설정하게 되고, 그 믿음이 업무에 대한 동기를 부여함으로써 열심히 노력하며 위험을 회피하지 않는 성향으로 이어져 실제로 성과가 향상된다는 것입니다. 이처럼 피그말리온 효과는 이미 과학적으로 검증된 개념입니다.

이와 관련된 또 다른 심리학 용어로는 '갈라테아 효과(Galatea Effect)'가 있습니다. 갈라테아 효과란 다른 사람이 나에게 기대하는 것이 있으면 자기 암시를 통해 상대방의 기대에 부응하는 방향으로 노력하고 행동함으로써 긍정적인 효과가 나타나는 것을 뜻합니다. 갈라테아는 피그말리온 신화에 등장하는 조각상의 이름이라고 알려져 있습니다.

특정 분야에서 성과를 내기 위해서는 다른 사람으로부터 비롯된 믿음도 중요하지만, 자기 스스로 잘할 수 있다고 생각하는 믿음 역시 그에 못지않게 큰 영향을 미친다는 것을 보여주는 이론입니다. 타인의 기대에 부응하기 위해서든, 나의 능력에 대한 확신이든 믿음은 우리를 원하는 방향으로 데리고 가기 마련입니다.

최근 개그맨 장동민의 행보는 단순한 예능인의 움직임이라고 보기 어려울 만큼 독특합니다. 그는 어린 시절 부모님을 보면서 '열심히만 살아서는 성공할 수 없구나'라는 사실을 일찍 깨닫고 어른이 되면 사업을 해야겠다고 마음먹었습니다.

그가 개그맨으로 데뷔한 것도 우연이 아니었습니다. 처음에는 대학 동기인 유상무의 부탁으로 오디션 현장에 따라갔을 뿐인데, 현장에서 큰 무시를 당하자 자존심이 상해 그 자리에서 '그래, 난 개그맨이 되겠어'라고 결심했습니다. 적당히 노력해서는 성과를 거둘 수 없다고 판단해 1년 동안 집에 틀어박혀 합숙하듯 아이디어만 짰고, 그 결과 대학 동기인 유상무, 유세윤과 함께 2004년 KBS 공채 19기로 동반 데뷔했습니다.

개그맨이 되어 한창 승승장구할 무렵부터 장동민은 자신의 원래 꿈대로 사업을 시작해야겠다는 생각을 품었습니다. 이후에는 장사가 잘되는 곳을 발견하면 왜 잘되는지, 무엇이 다른지를 유심히 살폈고, 차근차근 '돈 버는 구조'를 관찰하는 눈을 키워왔습니다.

그가 스스로 세운 성공의 기준은 무려 2조 원입니다. 이 말을 들은 사람들은 비현실적이라고 고개를 저었지만, 장동민은 그런 말에 전혀 신경 쓰지 않았습니다. 오히려 '자기 삶도 제대로 못 사는 사람들의 말에 흔들릴

필요가 없다'라고 생각했고, 자신이 세운 목표를 이룰 생각에만 몰두했습니다.

그는 가장 먼저 출장 세차 사업에 뛰어들었습니다. 이 사업은 시작한 지 얼마 되지 않아 3,000명이 넘는 회원을 확보하고, 매월 수천만 원의 매출을 낼 만큼 초반 반응이 나쁘지 않았지만, 자신의 사업을 무리하게 개그 포인트로 사용하다가 이미지가 나빠지면서 폐업을 맞았습니다. 이후에도 그는 상조 사업, 여행 사업을 이어서 런칭했지만 여러 가지 이유로 성공까지 이어지지는 않았습니다.

그럼에도 장동민은 포기하지 않았습니다. 어린 시절부터 20번이 넘는 실패를 겪었음에도 그의 머릿속에는 늘 '나는 2조 원을 벌 수 있는 사업가다'라는 확신이 자리하고 있었습니다.

이후 그는 2008년 PC방 프랜차이즈 사업을 시작했고, 지금까지 150개가 넘는 지점을 운영할 만큼 안정적으로 성장시켰습니다. 2023년에는 '파머스포케'를 창업해 가맹점을 열두 개로 늘렸고, 같은 해, 페트병의 뚜껑을 돌리면 라벨지를 쉽게 뗄 수 있는 아이디어를 상품화면서 '푸른하늘'이라는 스타트업 기업을 설립했습니다. 이 아이디어는 현재 특허 출원과 등록을 완료했고, 2023년 아이디어 경진대회에서 1등을 차지했습니다. 그리고 이후 9개국에 특허 등록을 마쳤으며 국내에서는 광동제약과 삼양패키징 등 여러 대기업과 업무 협약을 체결해 본격적인 생산에 착수했습니다.

이 모든 과정이 과연 우연일까요? 장동민은 자신이 '2조 원을 벌 수 있는 사업가'라고 확신합니다. 그 믿음 때문에 주변에서 돈이 되는 아이디어를 계속 발견했고, 좌절이 와도 다시 일어설 힘이 생겼습니다. 무엇이든 하나에 꽂히면 온통 그 생각만 하며 몰입하는 성격도 성공의 밑거름이 되었습니다.

결국 해내는 사람들의 공통점을 살펴보면 '스스로에 대한 믿음'이 뿌리 깊게 자리하고 있습니다. 장동민 역시 인터뷰에서 전형적인 돈 버는 뇌의 구조를 보여주었습니다. "세차를 누가 대신해주면 좋지 않을까?"라는 생각으로 출장 세차를 창업했고, "플라스틱 병을 버릴 때 라벨을 떼는 게 왜 이렇게 번거롭지?"라는 생각에서 뚜껑을 열면 비닐이 자동으로 분리되는 아이디어 상품을 개발했습니다.

장동민은 불편함 속에서 기회를 찾고, 그 기회를 사업으로 연결하는 동물적인 감각을 지녔습니다. 그리고 그 모든 시작점은 결국 하나의 생각에서 비롯됩니다. "나는 2조 원을 벌 사업가다." 그 믿음이 그의 뇌를 그렇게 만들어왔고, 그 생각이 그의 성공을 현실로 끌어오고 있습니다.

물론 어떤 외부적인 상황으로 인해 지치고 상처받거나 실패 경험이 쌓이면 어느 순간부터 스스로를 '능력 없는 사람'이라고 규정해버리는 사람도 많습니다. 이런 생각이 머릿속에 들어오는 순간부터는 이전보다 더 노력해야 힘든 상황을 탈출할 수 있다는 잘못된 믿음에 사로잡힙니다.

사람들은 삶에서 실패와 비판, 좌절을 반복하면서 수많은 제한 신념을 쌓습니다. 노력만으로는 이 신념을 넘어설 수 없습니다. 생각을 바꿔야만 가능성이 열립니다. 많은 사람이 자신은 능력이 없지만, 열심히 하다 보면 능력이 점차 계발될 것이라고 기대합니다. 그 과정에서 괄목할 만한 성장과 기적이 일어나길 기대하지만, 우리에게 찾아오는 유일한 기적은 내 생각의 주인이 나라는 사실을 깨닫는 것뿐입니다.

좋은 일, 나쁜 일은 정해져 있지 않고 우리가 선택하는 것입니다. 하지만 반대로 간절히 원하는 소망을 가지고 살아가면 단기간에 세상이 달라 보이기 시작합니다. 제한 신념에 갇혀서는 내 앞에 펼쳐진 무한한 세상을 바라볼 수 없습니다.

공부를 많이 안 해서 실패하는 것이 아니라, '공부를 많이 안 했기에 오히려 새로운 길을 만들 수 있는 사람'이 될 수도 있습니다. 스스로의 부족함이나 지금 처한 상황을 부정적으로 보지 말고, 그것이 오히려 가장 큰 기회일 수 있다는 믿음을 가져야 합니다.

지금부터 나에게 확신을 불어넣는 시간을 가져보길 바랍니다. 그것이 제한 신념을 넘어 무한한 능력을 깨우고 원하는 것을 이룰 방법을 보여줄 것입니다.

끌어당김의 법칙과 착각하지 말 것

지금까지 신경가소성과 관련된 심리학과 뇌과학 이론들, 그리고 이를 적용해 성공한 사람들의 사례를 살펴보았습니다. "나는 천억 원을 벌었다"는 문장을 계속해서 떠올리고, 부자가 되기 위한 목적으로 생각을 집중하고, 그러다 보면 자연스럽게 아이디어가 떠오른다는 것, 혹시 이런 이야기를 보면서 '끌어당김의 법칙'을 떠올리지는 않으셨나요?

마지막으로 신경가소성과 끌어당김의 법칙이 어떤 차이가 있는지, 왜 끌어당김의 법칙을 함부로 성공에 이르는 방식으로 사용하면 안 되는지 살펴보면서 이번 장을 마무리하도록 하겠습니다.

끌어당김의 법칙이란 호주의 작가인 론다 번(Rhonda Byrne)이 『시크릿』이라는 책에서 주장한 내용으로, 전 세계 1퍼센트의 부자들이 전 세계 부의 96퍼센트를 소유할 수 있었던 것은 부에 대한 강력한 생각 덕분이라는 주장에서 비롯되었습니다. 즉, "간절히 원하면 이루어진다"가 이 책에서 말하는 핵심 메시지입니다.

자신이 원하는 목표를 이루기 위해 긍정적인 생각과 간절한 믿음으로 내면의 힘을 끌어모으는 것은 성공이라는 경주에서 분명 효과적인 방식입니다. 하지만 대부분의 사람들은 끌어당김의 법칙을 마치 기도하면 곧바로 응답이 오는 계시처럼 단순하게 받아들이는 경향이 있습니다. 그러다 보니 어떻게 돈을 벌어야 하는지에 대한 실제 준비나 지식 없이 저절로 돈이 생겨날 것이라는 착각에 빠지기도 합니다.

이런 상태에서는 주식, 코인, 무리한 투자 같은 자극적인 유혹이 쉽게 눈에 들어옵니다. 모아둔 돈을 전부 투자하면 금세 10억, 100억으로 돌아올 것처럼 느껴져 무모한 선택을 하게 됩니다. 당연히 그 결과는 엄청난 손실로 돌아오기 마련입니다. 심지어 어떤 사람은 계속해서 상상하다 보면 로또도 당첨될 수 있다고 이야기합니다. 하지만 이런 말과 행동 역시 사람을 '능력 없이 운만 바라보는 프레임'에 가둬버립니다.

정말로 상상이 현실을 끌어당긴다면 왜 그렇게 간절히 상상하고 부자가 될 생각만 하는 사람들 대부분이 손실을 경험할까요? 제 사례를 들어서 한번 설명해보겠습니다.

20대 중후반이던 때에 저는 정말로 갖고 싶은 차가 있었습니다. 바로 SM5였습니다. 어느 정도로 그 차를 원했는지 길에서 잠깐 스칠 때에도 저절로 눈길이 가면서 가슴이 뛰었습니다. 당시의 저는 신용도도 낮고 돈도 없었습니다. 하지만 욕심은 누구보다 앞섰습니다.

어느 날 중고차 시장에서 SM5를 발견한 순간, 저는 금세 눈이 멀고 말았습니다. 월 56만 원, 60개월 할부가 가능하다는 말에 아무 계산도 없이 덜컥 계약을 해버린 것입니다. 돌이켜 생각해보면 정말 바보 같은 짓이었습니다. 그날부터 저의 카푸어 인생이 시작되었으니까요.

저는 자동차 값으로 총 3,360만 원을 지불했습니다. 당시 해당 신차의 가격은 2,100만 원대였습니다. 신차 가격보다 무려 1,000만 원이나 더 주고 중고차를 구매한 셈입니다. '갖고 싶다'는 생각에 사로잡혀 판단력을 잃은 겁니다. 상상은 현실이 되었지만, 그 현실은 제 삶을 더 힘들게 만들었습니다. 끌어당김의 법칙을 믿는 방식이 얼마나 위험해질 수 있는지 몸으로 배운 경험이었습니다.

물론 상상의 힘 자체가 잘못된 것은 아닙니다. 우리가 원하는 것을 그리는 순간, 실제로 뇌는 그 상상을 중심으로 정보를 찾아보기 시작합니다. 그런데 문제는 '바라기만 해도 이루어진다'는 방식입니다. 과학적으로 완전히 틀린 접근입니다.

하지만 원하는 것이 이루어진 '미래의 나'를 상상한 뒤, 반복해서 '그 모습이 되려면 어떻게 해야 하지?'를 함께 생각해본다면 이야기는 달라집니다. 이때 뇌는

100퍼센트 과학적으로 방법과 기회, 해결책을 찾는 기능을 활성화합니다.

저는 앞서 "나는 천억 원을 벌었다"고 말하기 시작한 지 3개월도 되지 않아 실제로 아이디어들이 떠올랐다고 이야기했습니다. 아이디어를 발견한 다음에는 이를 현실화해줄 개발자가 필요했습니다. 처음에는 사기를 당했지만, 그 경험 덕분에 오히려 진짜 실력자를 찾을 수 있었습니다.

두 번째에도 사기를 당하지 않으려면 협력하는 시스템보다는 직원을 채용하는 방식이 낫겠다고 판단했습니다. 이런 전제로 제가 만들고자 하는 기술을 정확히 구현할 수 있는 전문가를 찾다 보니 마침내 딱 한 사람을 발견하게 되었습니다. 그는 결혼하고 필리핀에서 생활하던 개발자였는데, 온라인 전문가 사이트에 자신의 이력을 등록해둔 상태였습니다. 마침 그가 한국에 들어오는 일정이 제가 일을 제안한 시점과 겹쳤고, 그 역시 저의 제안을 긍정적으로 받아들이면서 저희의 동행이 시작되었습니다. 이 개발자는 지금도 제 회사 개발팀의 팀장으로 최고의 성과를 내고 있습니다.

돌이켜보면 정말 기적 같은 우연의 연속이었습니다. 하지만 그 우연은 제가 낸 아이디어와 생각 덕분에 연결이 되었습니다. 아이디어를 떠올리고, 사기를 당하고, 다시 방법을 찾아 고민하고, 계속 탐색했기 때문에 결국 훌륭한 직원을 만날 수 있었습니다.

만약 '상상하면 된다'는 생각만 하고 아무 행동도 하지 않았다면? 당연히 이 기적은 일어나지 않았을 것입니다. 제가 좋아하는 파울로 코엘료(Paulo Coelho)의 소설 『연금술사』에는 "간절히 원하면 온 우주가 소망이 실현되도록 도와준다"라는 말이 등장합니다. 이 소설의 주인공인 산티아고는 진정한 자신을 찾기 위해 수많은 사람을 만나며 전 세계를 방황합니다. 그리고 마침내 내면의 평화와 함께 물질적인 성공까지 이루게 됩니다.

결국 중요한 것은 이것입니다. **상상 자체가 현실을 만**

든 것이 아니라, 상상한 목표를 이루기 위한 '뇌의 탐색 모드'가 현실을 만든다는 사실입니다. 원하는 것을 크게 상상했을 때 나타나는 우연, 기회, 기적은 평범한 운을 뛰어넘는 뇌의 선택, 탐색, 판단이 연결되면서 만들어내는 결과물입니다.

필요한 기술이 무엇인지 명확히 알고 있고, 그 기술을 가진 사람을 찾기 위해 계속 질문하고, 계속 찾다 보니 결국 나에게 딱 맞는 사람이 눈에 띄게 되었습니다. 이것이 바로 뇌의 능력이며 우리가 말하는 '기적'의 실체입니다.

언제 찾아올지 모를 운을 기다리고, 우연을 바라며 사는 삶은 시간이 너무 아깝습니다. 하지만 자신이 무한한 능력을 가진 존재임을 깨닫고 그 능력을 활용하는 법을 이해하게 되면, 자신의 삶이 얼마나 많은 기적과 우연으로 채워져 있었는지 깨달을 수 있습니다.

그리고 앞으로의 삶에서도 그런 기적이 계속 이어진다는 사실을 알게 됩니다. 원한다고 이루어지는 것이 아닙니다. 원한 뒤, 그 목표에 맞는 방법을 찾을 준비가 된 뇌가 있어야 합니다. 이런 뇌를 만드는 방법은 지금까지 수차례 말씀드렸습니다. 아직도 의심하거나 쑥스러워서 시도하지 않은 분이 있다면 속는 셈치고 하루만 "나는 천억 원을 벌었다"라는 문장을 마음에 품고 살아보세요. 그때부터 인생은 달라지기 시작합니다.

4
Evolve

진화하라!

돈 버는 기회가
수없이 보이는
인간으로

어떤 자질을 원한다면 이미 그것을
지니고 있는 것처럼 행동하라.

_윌리엄 제임스William James

근대 심리학의 창시자이자 하버드대학교 교수

꿈이 돈이 되게 하는 방법

우리는 어려서부터 꿈을 이루는 것과 돈 버는 일을 동일시해서는 안 된다는 말을 많이 듣고 자랐습니다. 돈을 벌기 위해서는 꿈을 포기해야 된다거나 꿈을 이루려면 돈을 목적에 두지 않아야 한다는 등의 이야기가 그것입니다.

대학교에 진학하면서 본격적으로 진로를 정할 때도 마찬가지입니다. 학생들은 자신의 꿈과 현실 사이에서 부모님이나 선생님과 갈등을 빚는 일이 허다합니다. 여전히 안정적인 직업을 갖고 일정한 월급을 받으며 편안하게 사는 것이 최고라고 이야기하는 어른들이 많기 때문입니다.

한편으로는 꿈을 좇고 싶지만 돈이 없어서, 인맥이 부족해서, 능력이 모자라서 못한다고 지레짐작하고 스스로 꿈을 놓아버리는 사람도 있습니다. 현재의 삶에 안주한 채 어떤 일에도 도전하지 않고 나보다 더 잘나가는 사람을 부러워하며 그저 가만히 앉아 있는 것입니다.

하지만 정말 어른들이 이야기하는 안정적인 삶, 환경을 탓하며 도전하지 못하는 삶이 정답일까요? 꿈을 좇으며 나만의 아이디어를 확장해서 돈을 벌 수는 없는 걸까요?

『굴뚝마을의 푸펠』, 『약속의 시계탑』 등 베스트셀러 그림책을 다수 출간한 일본의 유명 작가 니시노 아키히로(西野亮廣)는 원래 개그맨이었습니다. 그는 데뷔 후 무려 17년간 인기 스타의 반열에 오르지 못했을 뿐 아니라 '가장 재미없는 개그맨 1위'라는 타이틀까지 받을 만큼 성공과는 거리가 먼 연예계 생활을 했습니다. 게다가 권위적이고 몰상식한 개그계의 관습을 따르지 않는다는 이유로 여론의 뭇매를 맞기도 했습니다.

하지만 니시노는 그 자리에 그대로 주저앉아 있지 않았습니다. 2005년에는 드라마 〈슬로댄스〉로 배우 데뷔, 2011년부터는 무대 각본과 그림책 제작 등으로 새로운 커리어 시작, 그리고 2016년부터는 개그맨 은퇴를 선언하고 본격적으로 그림 동화 작가로서 활동하기 시작했습니다. 그리고 이후에도 끊임없이 새로운 일에 도전하며 지금은 연간 수십 억 원을 벌어들이는 사업가로 완벽하게 변신했습니다.

니시노는 자신의 꿈을 혼자서 완성한 게 아니었습니다. 그의 커리어 가운데 가장 큰 성공을 가져다준 『굴뚝 마을의 푸펠』은 35명의 아티스트가 함께 쓰고 그린 이야기이며, 책의 제작비 역시 크라우드 펀딩으로 수많은 사람의 도움을 받아 마련했습니다. 펀딩 모금액은 예상했던 600만 엔을 훨씬 뛰어넘어 1,000만 엔 이상을 달성했고, 출간 이후에는 책이 무려 70만 부 이상 판매되며 그에게 어마어마한 이익을 가져다주었습니다.

그는 자신의 책 『꿈과 돈』에서 다음과 같이 말했습

니다.

> ""꿈이야? 돈이야?" 당신 주위 사람은 아직도 이 논쟁을 되풀이하고 있을 것이다. 들을 필요 없다. 전부 헛소리다. '꿈'과 '돈'은 상반된 관계가 아니다. 우리는 꿈만 선택할 수 없다. '돈'이 없으면 '꿈'도 사라진다. 이게 진실이다."(니시노 아키히로, 『꿈과 돈』, 프롤로그)

결국 그는 자신의 꿈을 통해 자신뿐 아니라 다른 사람들의 성공까지 돕게 되었습니다. 다시 말해, 돈으로 꿈을 이룬 것이 아니라 꿈이 돈을 만들고, 그 돈이 다시 다른 사람의 꿈을 실현하도록 돕는 선순환 구조를 만든 것입니다. 많은 사람이 여전히 꿈과 돈을 상반된 영역이라고 말하며 꿈은 이상적이고, 돈은 현실적이라고 단정해버립니다. 그러나 실제 성공 사례들을 들여다보면 결코 그렇지 않습니다. 오히려 꿈을 좇는 과정은 돈을 벌 수 있는 가장 직접적이고 강력한 경로가 됩니다.

우리가 무언가에 진심으로 몰입할 때, 그 열정은 새

로운 아이디어를 발견하는 원동력이 되고, 그 아이디어는 다른 사람의 문제를 해결하는 솔루션이 됩니다. 사람들은 결국 자신에게 도움이 되는 것을 선택하고 비용을 지불합니다. 그렇기 때문에 꿈이야말로 가장 경제적 가치가 큰 수단이 될 수 있습니다.

지금 우리가 살아가는 사회는 과거와는 비교할 수 없을 만큼 다양한 방식으로 성공 가능성을 열어두고 있습니다. 콘텐츠 플랫폼, 크라우드 펀딩, 퍼스널 브랜딩, 팬덤 비즈니스, 커뮤니티 기반 창업 등 수많은 길이 존재합니다. 예전처럼 자본과 인맥을 활용한 뻔한 성공의 길만 존재하는 시대가 아닙니다. 니시노처럼 꿈을 공유하는 사람들과 연결되기만 해도 수많은 사람과 함께 꿈을 실현할 수 있습니다.

결국 중요한 것은 이 열린 시스템을 어떻게 이해하고 활용하느냐입니다. 유튜브를 활용할 수도 있고, 커뮤니티 기반 후원 구조를 만들 수도 있으며, 크라우드 펀딩으로 시제품을 만들 수도 있습니다. 모든 도구는 이미 우리 손에 쥐어져 있습니다. 성공의 열쇠는 기술이나 자본이 아니라 '꿈을 어떻게 현실화할 것인가'를 깨닫는 일입니다. 이 한 가지만을 계속 생각한다면 꿈을 실현할 방법은 뇌가 스스로 찾고 그것이 행동과 실천으로까지 이어지게 될 것입니다.

따라서 꿈을 좇는다는 것은 단순히 '자아 실현'을 위한 행위가 아니며 꿈과 돈은 한 방향을 바라보는 두 개의 엔진입니다. 꿈이 방향을 잡고, 돈이 추진력을 만들며, 그 둘이 맞물릴 때 비로소 큰 시너지가 탄생합니다.

지금 가진 꿈이 크든 작든, 누군가에게는 그 꿈이 새로운 기회가 될 가능성이 충분합니다. 결국 당신의 꿈은 혼자를 넘어 더 멀리 퍼져나갈 때 세상을 더 나은 방향으로 움직이는 강력한 동력이 될 수 있습니다. 부디 좋아하는 일을 하며 돈을 버는 기회를 포기하지 마세요. 자신의 아이디어를 평가 절하하지 마세요. 우리가 우리의 뇌가 가진 힘을 믿는다면 무슨 일이든 가능합니다.

스트레스를 돈으로 만드는 방법

대부분의 사람들은 스트레스를 당연히 피해야 하는 것으로 여깁니다. 스트레스는 만악의 근원이고, 이를 없애기만 하면 마치 모든 일이 해결될 것처럼 말하기도 합니다. 하지만 모든 스트레스가 우리에게 나쁘게 작용하는 것은 아닙니다. 그렇기 때문에 영어에서도 이를 '좋은 스트레스(eustress)'와 '나쁜 스트레스(distress)'로 구분해서 표현합니다. 뇌가 이를 어떻게 인식하고 처리하느냐에 따라 스트레스의 작용이 크게 달라집니다.

좋은 스트레스는 뇌에 적당한 각성을 유도해 전전두엽의 집중력과 문제 해결력을 높이고, 도파민·노르에피네프린을 적절하게 분비해 성취감을 높입니다. 반대로 나쁜 스트레스는 스트레스 호르몬인 코르티솔을 과도하게 분비시키며, 이로 인해 장기간 나쁜 스트레스에 노출될 경우 기억력을 담당하는 해마의 기능 저하, 전전두엽의 판단력 약화, 면역력 감소와 같은 부정적 영향을 불러일으킵니다. 즉, 관리 가능한 수준의 스트레스는 성장을 돕지만, 과도하고 통제 불가능한 스트레스는 뇌와 몸을 모두 소진시키는 방향으로 작용합니다.

따라서 이런 좋은 스트레스를 이용하면 뇌 훈련이 더 매끄러워집니다. 실제로 수많은 성공 사례가 바로 이 스트레스를 해결하려는 과정에서 탄생했습니다. 어떤 사람은 명상이나 훈련과 같은 스트레스 관리법을 프로그램화함으로써 수익을 창출하고, 또 어떤 사람은 일상적인 불편함을 해결하며 혁신적인 제품을 만들어 부자가 되기도 했습니다. 즉, 스트레스는 피해야 하는 감정이라기보다는 우리에게 가장 큰 기회를 선물하는 신호일 때가 많다는 의미입니다.

대표적인 사례가 영화 〈조이〉로 잘 알려진 조이 망가노(Joy Mangano)입니다. 조이는 대학을 졸업하고 직장 생활을 하다가 결혼 후 아이 셋을 낳고 회사를 그만둔 평범한 전업주부였습니다. 그러다 1989년에 이혼하며 싱글맘이 되어 아이들과 자신의 할머니를 책임지기 위해 생활 전선에 뛰어들어야 했습니다. 가정주부로 살다가 다시 돈을 벌기 시작했기 때문에 처음에는 전문적인 일을 하지 못하고 웨이트리스, 항공사 발권 직원 등 안정되지 않은 일을 전전해야 했습니다.

조이는 문제를 해결하는 생각 구조를 가진 사람이었습니다. 그녀는 10대 시절 헌팅턴의 동물 병원에서 파트타임으로 근무하면서 반려동물들이 캄캄한 밤에 산책하면서 차에 치이는 것을 방지하기 위해 형광 벼룩 목걸이를 만들었습니다. 하지만 결혼과 임신, 출산, 육아 등으로 해야 할 일들에 치이다 보니 문제를 해결하는 생각을 잠시 하지 못하다가 일을 다시 시작하고 그간 눈에 띄지 않았던 불편들이 하나씩 개선해야 할 목록으로 보이기 시작했습니다.

가장 먼저 눈에 띈 것이 집안일이었습니다. 고된 회사 일을 마치고 집에 돌아오면 그녀를 기다리고 있는 것은 엉망이 된 집이었습니다. 특히 힘들었던 집안일은 걸레질이었습니다. 손으로 걸레를 직접 짜는 비위생적이고 불편한 방식을 편하게 바꾸면 좋겠다는 생각이 그녀의 머릿속을 끊임없이 맴돌았습니다.

그렇게 제품 개발을 시작한 지 1년 만에 조이는 문제점을 보완하며 완성도를 높여 자동으로 물기를 짤 수 있는 물청소 도구인 '미라클 몹(Miracle Mop)'을 개발했습니다. 그녀는 자신이 저축한 돈과 가족, 친구들의 투자금을 모아 시제품 1,000대를 생산했고, 이를 롱아일랜드의 무역 박람회와 지역 매장을 돌며 전부 판매했습니다. 이후에는 본인이 스스로 홈쇼핑에 출연해 미라클 몹을 홍보했고, 수많은 주부들의 절대적 공감을 얻어 채 30분도 되지 않아 1만 8,000여 개를 판매하는 대박을 치게 되었습니다.

이후에도 조이의 사업은 승승장구했습니다. 미끄럼 방지 기능을 갖춘 옷걸이인 '허거블 행거(Huggable Hangers), 무독석 세척 제품인 '클린보스(CleanBoss)', 다양한 수납 공간을 갖춘 여행용 캐리어인 '클로드 잇 올(Clothes It All)' 등을 개발해 연이어 히트를 했고, 덕분에 사업 역시 성공적으로 자리 잡았습니다. 현재 조이의 자산은 약 7,000만 달러(한화 약 1,000억 원, 2021년 기준)에 달하는 것으로 알려져 있습니다.

조이는 이렇게 이야기합니다.

"나는 천재도, 과학자도 아니다. 다만 남들이 그냥 지나치는 문제를 멈춰서 고민해본 사람이다. 나는 엄마이자 일하는 사람이고, 나에게는 청소해야 할 집과 정리해야 할 물건이 있었을 뿐이다."

사실 대부분의 사람들에게 스트레스는 불쾌한 감정일 뿐입니다. 하지만 ==성공하는 사람들은 그 스트레스를 나쁜 감정으로 끝내지 않고 문제의 원인을 찾아 해결하려는 행동으로 전환합니다.== 스트레스에 완전히 사로잡힌 채 늘 무기력하게 지쳐 있기만 한다면 우리가 원하는 성공은 점점 멀어질 수밖에 없습니다. 이를 잘 다스리고 해소하되, 역으로 이용할 줄 아는 지혜도 필요합니다. 스트레스가 많은 사람일수록 큰 성공의 기회를 품고 있다는 말이 나오는 이유가 여기에 있습니다. 스트레스를 성공의 열쇠로 활용한 또 다른 사례를 하나 더 살펴봅시다.

캐릭터 디자이너인 콘도 아키(コンドウ アキ)는 일본의 유명 캐릭터 회사인 산엑스(SAN-X) 소속의 디자이너였습니다. 바쁜 직장 생활로 스트레스를 받는 일이 잦아지자 그녀는 퇴근 후 자신이 살고 싶은 모습을 투영해 느긋하게 사는 곰 캐릭터를 그려냈습니다. 이 캐릭터가 바로 '리락쿠마'입니다.

콘도는 "직장인들이라면 다 여유 있는 시간을 꿈꾸지 않을까?"라는 생각으로 회사에 캐릭터 제품을 정식 출시할 것을 제안했고, 이것이 받아들여지면서 2003년 9월, 리락쿠마 오리지널 상품을 발매하며 처음으로 소개되었습니다. 리락쿠마는 등장과 동시에 엄청난 인기를 끌어모으며 산엑스의 대표 캐릭터로 자리 잡았습니다.

이후 리락쿠마는 수천 가지의 굿즈, 카페, 호텔룸, 그리고 넷플릭스 오리지널 애니메이션으로까지 확장되면서 대성공을 거두었습니다. 캐릭터 디자이너였던 콘도의 개인적인 스트레스 해소 방식이 결국 전 세계 사람들에게 힐링을 선사하는 큰 가치를 만든 것입니다.

산엑스의 홈페이지에는 리락쿠마 캐릭터가 다음과

4 Evolve

같이 소개되어 있습니다.

"'빈둥빈둥거리고 싶다'라고 생각하지만 그럴 수 없어 스트레스만 쌓이고 있지 않습니까? 리락쿠마는 어디서든 빈둥빈둥 뒹굴뒹굴거리고 있어 전혀 스트레스를 받지 않는 부러운 캐릭터입니다. 그런 리락쿠마를 보고 있으면 당신도 어느샌가 한껏 느긋한 기분을 느끼고 있을지도 모릅니다."

스트레스를 가시적인 상품으로 풀어낸 캐릭터에 대한 가장 적절한 소개가 아닐까 싶습니다.

스트레스는 누구에게나 찾아옵니다. 하지만 그 스트레스를 어떻게 사용하는지에 따라 결과는 완전히 달라집니다. 어떤 사람은 스트레스를 받으면 술, SNS, 소비 등 자극적인 방식으로 일시적 해소를 하는 방법을 선택하고, 다른 사람은 "이 스트레스를 해결하려면 근본적으로 무엇을 바꿔야 할까?"를 고민합니다. 당연하게도 후자의 삶이 성공으로 이어질 가능성이 압도적으로 높습니다.

만약 머릿속이 "나는 천억 원을 벌었다"는 생각으로 가득 차고, 실제로 이것이 어떻게 가능할지 찾으려는 뇌로 전환되면 여기에서 한 번 더 상황이 달라집니다. 기존에 스트레스를 받던 일들은 조금도 중요하지 않게 여길 수 있습니다. 타인의 시선, 말투, 과거의 실수나 아픔 같은 것들이 더 이상 마음을 흔들지 않고, 스스로 중심을 잘 잡을 수 있습니다.

그리고 머릿속은 오직 "어떻게 성공에 이를까?"에 집중하는 과정에서 아이디어의 완성도가 점점 높아지며 결국 이를 실행할 수 있는 구체적 방법들이 보이기 시작합니다. 이 단계에 이르면 주변 사람들이 말려도 말릴 수 없는 상태가 되고 마침내 원하는 목표에 도달하게 됩니다.

원하는 생각으로 가득 차서 스트레스가 완전히 새로운 의미로 전환되는 삶, 혹은 원하는 것이 없어서 일상의 모든 스트레스에 휘둘리는 삶. 어떤 삶을 살 것인지에 대한 선택은 우리에게 달려 있습니다. 스트레스는 제대로 다뤘을 때 가장

4 Evolve

강력한 성공의 동력원이 됩니다.

스트레스로 마음이 불편할 때는 "나는 천억 원을 벌었다", "나는 무한한 능력이 있다"라는 말을 계속 연습해 보세요. 그러다 보면 자신이 원하는 방향으로 문제를 해결하는 방식이 보이게 될 것입니다. 원하는 생각으로 가득차서 가만히 있어도 스트레스가 풀리는 삶과 생각만 해도 스트레스를 받는 삶, 둘 중에 어떤 삶을 살고 싶으신가요?

분노를 돈으로 만드는 방법

분노는 가장 흔하게 일어나는 부정적 감정입니다. 일상생활에서 사소한 일에도 쉽게 화를 내고 이를 잘 다스리지 못하면 본인뿐 아니라 주변 사람에게까지 피해를 끼치기 쉽습니다. 그렇다면 분노는 무조건 해결해야만 하는 감정일까요?

그렇지 않습니다. 미국 텍사스A&M대학교 연구팀은 화

를 잘 내는 사람들이 평온한 사람들에 비해 문제 해결 능력이 뛰어나다고 밝혔습니다. 연구팀은 이에 대한 상관관계를 파악하기 위해 1,000명 이상의 참가자와 1,400명 이상의 설문조사 데이터를 분석했습니다. 이들에게 시각자료를 활용한 단어 퍼즐, 간단한 비디오 게임을 진행하자 모든 실험에서 분노를 느끼는 상태일 때 목표 달성 능력이 향상된 것으로 나타났습니다.

이는 스트레스 호르몬의 역할과도 비슷합니다. 화를 낼 때 분비되는 아드레날린과 코르티솔은 우리 뇌를 각성 상태로 만들면서 주의 집중력을 높였습니다. 연구팀은 "분노가 원하는 목표를 달성하기 위한 몰입도를 높이고 때때로 더 큰 성공을 거두게 해준다"고 밝혔습니다.

분노는 억누르는 감정이 아닙니다. 제대로 활용하기만 하면 무엇보다도 강력한 추진력이 되는 감정입니다. 실제로 해외에서 활동하는 운동선수나 학자들을 보면 인터뷰에서 인종차별이나 멸시당했던 경험을 털어놓으며 그 분노를 원동력 삼아 피 나는 노력을 한 끝에 큰 성공을 거두었다고 고백하는 사례도 흔합니다.

"봐라, 내가 어떻게 이겨내는지"라는 단단한 마음가 짐이 생기면, 분노는 더 이상 파괴적 감정이 아니라 집 중과 몰입을 극대화하는 연료가 됩니다. 누군가 때문에 화가 치밀어 오를 때 그 사람을 향한 보복을 생각하는 대신 '내가 앞으로 보여줄 일'에만 마음을 모으는 것이 핵심입니다.

많은 사람이 머릿속에서 원하는 생각을 지속하기가 어렵다고 말합니다. 그러나 자신의 생각을 통제하는 능 력은 분노를 긍정 에너지로 전환하는 데 필수적입니다. 어떤 상황에서도 부정적 감정을 승화시켜 내가 원하는 생각을 스스로 선택할 수 있을 때까지 의식적으로 훈련 해야 합니다. 이런 사고 훈련이 습관화되면 분노는 모습 을 바꿔 새로운 길을 여는 힘이 될 수 있습니다.

이러한 전환을 성공적으로 이끌어낸 대표적인 사람 이 바로 왓츠앱(WhatsApp)을 만든 얀 쿰(Jan Koum)입니 다. 얀은 1976년 우크라이나의 키예프 외곽에 위치한 빈

민촌에서 태어났습니다. 그의 집은 따뜻한 물조차 제대로 나오지 않을 만큼 낡아서 그는 어린 시절 내내 추위와 배고픔을 견뎌야만 했습니다. 얀의 어머니는 자유도, 자본도 없는 가난한 나라를 벗어나 아들에게 더 많은 기회를 주고자 얀이 16세가 되던 해에 미국 캘리포니아로 이민을 가게 됩니다. 다행히 미국 정부의 지원으로 그들은 방 두 칸짜리 집에서 생활할 수 있게 되었지만, 언어의 장벽과 넉넉하지 못한 경제적 상황으로 이민 생활은 녹록지 않았습니다.

얀의 학교 생활 역시 실수의 연속이었습니다. 이민자라는 낙인과 부족한 영어 실력 탓에 그는 학교 생활에 잘 적응할 수 없었습니다. 돈이 없어 학교에 다니면서 식품 매장에서 청소부로 일해야 했습니다. 엎친 데 덮친 격으로 1997년에는 우크라이나에서 홀로 지내던 아버지가 사망하고, 어머니도 그가 24세 되던 해에 사망해 홀로 모든 것을 책임져야 하는 상황에 놓였습니다. 거짓말 같은 인생 역경에 절망하고 분노를 터뜨려도 이상할 게 없었습니다.

하지만 그는 이러한 마음속의 격한 에너지를 분노 대신 다른 곳에 쏟았습니다. 바로 컴퓨터 프로그래밍이었습니다. 얀은 앞으로 프로그래밍에 미래가 있다고 생각하고 흥미를 느꼈지만, 정규 교육을 받을 환경이 되지 않자 헌책방에서 싼 값에 중고 교재를 사서 공부하고 다시 내다 파는 식으로 독학을 시작했습니다. 그리고 마침내 고등학교를 졸업한 후 산호세대학교의 컴퓨터 공학과에 입학했습니다.

그리고 대학생 시절 세계적인 회계법인 언스트앤드영(Earnst & Young)에서 일하면서 평생의 친구이자 동업자인 브라이언 액튼(Brian Acton)을 만났습니다. 두 사람은 야후!(Yahoo!)에서 11년 동안 함께 일하며 우정을 쌓았습니다. 그들은 둘 다 프로그래밍과 기술 개발에 큰 관심이 있었고, 야후에서 일하는 동안 수많은 경험을 축적했습니다.

얀은 2009년 아이폰을 구입한 다음 스마트폰의 잠재력을 깊게 깨달았습니다. 그리고 당시 사람들의 커뮤니케이션 방식을 혁신할 수 있는 기회를 포착하고 와츠

앱의 아이디어를 구상하기 시작했습니다. 얀은 마침내 브라이언과 함께 광고가 없는 고객 중심 메신저 서비스인 왓츠앱을 창업했고, 5년이 지난 2014년 왓츠앱은 약 10억 명의 사용자를 보유할 만큼 성장하게 되었습니다. 그리고 메타(Meta, 구 페이스북)에 190억 달러(한화 약 25조 원)에 인수되며 얀에게 큰 부를 가져다주었습니다.

분노는 언제든 우리 삶을 무너뜨릴 수 있지만, 동시에 엄청난 가능성의 문을 열어주는 계기가 되기도 합니다. 저 역시 그 사실을 뒤늦게 깨달았습니다. 특히 코로나 시기에는 모든 것이 무너지는 듯한 절망에 빠져 깊은 분노 속에서 '나는 이렇게 열심히 살아왔는데 왜 여전히 삶은 나아지지 않는 걸까?'라는 의문에 휩싸여 있었습니다.

그러나 시간이 흐를수록 알게 되었습니다. 분노와 절망에 갇혀 자포자기한 상태로는 성공에 다가갈 수 없으며 이를 승화해 다른 곳에 에너지를 사용해야 한다는 사실을 말입니다. 그리고 이를 위해서는 성공이라는 결과를 향해 '작동하는 방식'을 배워야 한다는 사실도 깨달았습니다. 그 방식을 찾기 시작하며 저는 뇌가 답을 가지고 있다는 결론에 도달했습니다. 절망과 분노는 오히려 돈을 버는 방식을 더 깊이 탐구하게 만들었고, 결국 새로운 길을 열고 싶다는 강렬한 열망을 만들어냈습니다.

이 책을 읽는 동안 여러분도 느끼셨을 겁니다. 이 책에는 '이렇게 하면 부자가 된다'는 행동 지침은 단 하나도 등장하지 않습니다. 대신 여러분 안에 이미 존재하는 능력을 꺼내고, 그것을 키울 수 있는 생각의 힘과 시간을 확보할 수 있는 방법이 담겨 있습니다. 자신의 생각을 주도하는 힘이 생길 때 삶은 이전과 전혀 다른 형태로 확장됩니다.

분노든 스트레스든, 그것을 어떻게 해석하고 활용하느냐가 당신의 성공 가능성을 결정합니다. 결국 모든 열쇠는 당신의 생각 속에서 만들어집니다.

취미를 돈으로 만드는 방법

지금은 하기 싫은 일을 꾸역꾸역 해내야만 돈을 벌 수 있는 세상이 아닙니다. 자신의 취미를 직업으로 발전시켜 큰돈을 버는 사람이 손꼽을 수도 없이 많아졌습니다. 놀랍게도 억지로 노력하는 사람보다 즐기는 사람이 무엇보다 가장 큰 힘을 가진다는 사실은 이미 2,500년 전부터 널리 알려져왔습니다. 공자는 『논어』에서 "천재는 노력하는 자를 이길 수 없고, 노력하는 자는 즐기는 자를 이길 수 없다.(知之者不如好之者, 好之者不如樂之者)"라고 말했습니다. 세계 4대 성인 중에 한 명인 공자가 뇌과학의 가장 중요한 부분을 깨닫고 있었다는 점은 주목할 만합니다. 그 진리는 수천 년이 지난 지금까지 변하기는커녕 오히려 중요성이 점점 더 강조되고 있기 때문입니다. 특히 유튜브가 대중화되면서 아주 사소하더라도 당당하게 자신의 취미를 대중에게 보여주며 인기를 끌고 있는 일반인도 많아졌습니다.

최근 '찰스엔터'라는 채널로 큰 사랑을 받고 있는 유튜브 크리에이터 찰스(김찬미)의 주특기는 '리액션'입니다. 과거라면 이러한 일은 재능이라고 여겨지지도 않았을뿐더러 돈이 되지도 않는 일에 시간만 낭비한다며 쓸모 없게 여겨졌을 것입니다. 찰스 역시 어려서부터 목소리가 크고 행동이 과한 자신의 모습 때문에 혹여 다른 사람들에게 피해를 끼칠까 봐 조심하려는 노력을 많이 했다고 밝혔습니다.

원래 그녀의 취미는 친구들과 함께 티비 프로그램을 보는 것이었습니다. 특히 연애 프로그램을 볼 때 과몰입하면서 리액션하는 모습이 너무 재미있어서 친구가 한 번 찍어서 올려보자고 권했다고 합니다. 처음에는 친구들끼리 볼 목적으로 솔직한 모습을 그대로 담아서 촬영을 했는데, 이 날것 같은 모습이 생각보다 많은 사람에게 인기를 끌었습니다.

무명에 가까웠던 찰스엔터는 그 덕분에 금세 20만 명이 넘는 구독자를 모았습니다. 이후에는 '월간 데이트', '찰수다' 등 본격적으로 자신만의 특색 있는 콘텐츠

를 생산해냈고, 그 기획이 잘 맞아떨어져 이제는 100만
명 이상의 구독자를 보유한 대형 유튜버로 거듭났습니
다. 그저 취미로 즐기던 프로그램에 진짜 자신의 반응을
얹었을 뿐인데, 그 솔직함이 많은 사람에게 매력으로 다
가간 것입니다.

유튜브에는 독특한 취미를 가진 사람이 넘쳐납니다.
먹는 것을 좋아하는 사람, 미니어쳐 만들기를 좋아하는
사람, 3D 프린터를 잘 다루는 사람, 심지어는 성대모사
를 잘하는 사람도 있습니다. 예전에는 단순히 친구들 사이
에서 '조금 이상한 취미를 가진 애' 정도로 취급받을 만한 일들
이 이제는 다른 사람에게 인정받고 어엿한 하나의 직업으로서
각광받는 시대가 된 것입니다.

이런 사람들을 보면서 '그럼에도 여전히 나는 잘하
는 게 하나도 없다'라고 포기하는 마음이 들거나 '내 취
미가 무슨 돈이 되겠어?'라는 회의적인 마음이 드시나
요? 하지만 유튜브가 포화 상태처럼 보여도 사람들은
언제나 새로운 콘텐츠를 찾습니다. 오래된 채널도 언젠

가는 시들해지고 누군가는 항상 새로운 볼거리, 새로운 사람을 기다리고 있을지도 모릅니다.

중요한 것은 '아무거나 찍어 올리는 것'이 아니라 '내가 즐기는 것을 다른 사람도 함께 즐기기 위한 공감 포인트를 만드는 것'입니다. 이를 진지하게 고민하면 할수록 뇌는 이에 대한 해답을 찾기 위해 바쁘게 움직입니다. 그리고 그런 생각으로 머릿속이 가득해진다면 당신 삶의 모든 것이 콘텐츠화 될 수 있습니다.

영국 출신의 세계적인 싱어송라이터 에드 시런(Ed Sheeran)은 박물관 큐레이터인 아버지, 보석 디자이너이자 홍보 전문가인 어머니 아래에서 예술적인 유산을 듬뿍 받으며 성장했습니다. 그는 어려서부터 일찍이 피아노와 첼로 등 클래식 악기를 배우는가 하면 밥 딜런, 에릭 클랩튼 등 위대한 뮤지션들의 음악을 접하면서 경계를 넘나드는 음악적 지식을 쌓았습니다.

하지만 안타깝게도 학교 생활만큼은 쉽지 않았습니다. 어린 시절 겪은 의료사고에서 비롯된 말더듬이 습관, 그리고 빨간 머리색이라는 독특한 외형적 특성 때문에 학교폭력을 당하며 교우 관계를 제대로 형성하지 못했기 때문입니다. 그러다 보니 공부와는 일찌감치 담을 쌓았고, 자신의 관심사였던 음악에만 더욱 매진했습니다. 그는 음악에 깊이 심취해 에미넴의 랩을 따라 하며 말더듬이를 고쳤고, 스스로 음악을 만들어 SNS에 올리거나 거리에서 공연을 하는 등 음악에 미쳐서 살았습니다. 처음에는 취미로 기타를 잡았지만 머지않아 어엿한 아티스트의 모습으로 완성되어 갔습니다. 그리고 만으로 열네 살이 되던 2005년부터는 본격적으로 녹음 작업을 시작했습니다.

그렇게 에드 시런이라는 이름은 서서히 대중에게 알려지기 시작했습니다. 2010년 만 19세에 그는 더 많은 사람에게 자신의 음악을 알리고자 기타 하나만 메고 미국으로 날아갔습니다. 배우이자 가수인 제이미 폭스 (Jamie Foxx)는 신인들이 자유롭게 공연하는 무대인 오픈 마이크에 오른 그를 보고 금세 그의 음악적 재능을 발견했습니다. 그리고 이후 자신이 진행하는 라디오에 출연시켰을 뿐 아니라 자신의 집에 있는 녹음 스튜디오를 제공하며 에드 시런이 인지도를 쌓는 데 큰 도움을 주었습니다.

그렇게 성공가도를 밟던 그는 엘튼 존(Elton John)의 후원으로 메이저 음반사와 계약을 맺게 됩니다. 이후 2011년 정식으로 데뷔 앨범인 〈The A Team〉을 발매했고, 데뷔 곡이 영국차트 1위를 기록하며 그는 세계적인 스타로 발돋움합니다. 그 뒤로 그가 쌓은 기록들은 어마어마했습니다. 간단하게만 정리해도 다음과 같습니다.

- 2016년 싱글 〈Thinking Out Loud〉로 그래미 어워드 수상.
- 2017년 발매한 앨범 〈÷(Divide)〉는 영국 남성 솔로 아티스트 역사상 최다 초동 판매(67만 장)를 기록.
- 그의 대표곡인 〈Shape of You〉는 스포티파이 최다 스트리밍 곡(13억 회 이상)으로 등재.
- 〈Shape of You〉는 UK 싱글 차트에서 비연속 14주 1위

- 를 기록하며 장기 흥행.

- 〈÷〉 앨범으로 UK 톱 20에 16곡을 동시에 진입시킨 것을 비롯, 기네스 세계 기록을 30여 개 보유.

- 2010년대 영국 'Artist of the Decade'로 선정되며 싱글·앨범 판매 누적 성적에서 독보적 1위 기록.

- 2017년 대영제국 훈장(MBE) 수훈자로 선정.

- 2023년 '매스매틱스 투어(Mathematics Tour)'에서 한 해에만 약 2억 6,800만 달러의 수익.

- 그래미 어워드 4회, 브릿 어워드 5회, 빌보드 6회 수상.

많은 사람이 그가 왕따를 당해도 포기하지 않았기 때문에 성공했다고 이야기합니다. 하지만 에드 시런의 성공은 억지로 견딘 의지나 마음의 상처에서 비롯된 것이 아니었습니다. 그는 단지 음악을 너무 좋아했습니다. 기타를 들고 있을 때면 마치 세상과 연결된 듯한 기분이 들었습니다. 만약 그에게 놀 친구가 많았고, 기타를 치는 것보다 앞마당에서 뛰어노는 일이 더 즐거웠다면 지금 우리가 에드 시런의 음악을 들을 수 있었을까요? 그렇지 않을 것입니다.

그는 말을 더듬는 버릇 때문에 말로 자신을 표현하는 데 한계가 있었지만, 음악만큼은 그에게 완전한 자유로움을 안겨주었습니다. 음악은 말을 대신한 에드 시런의 언어였습니다. 그에게 음악은 취미이자 마음을 온전히 터놓을 수 있는 완벽한 세계였습니다. 그렇게 '좋아하는 것' 하나가 그의 인생 전체를 이끌어갔고, 그 결과 그는 세계 최정상의 자리에 오를 수 있었습니다.

우리는 흔히 성공을 이야기할 때 노력과 근성을 강조합니다. 하지만 그 노력이 반드시 고통스럽고 억지스러워야 하는 것은 아닙니다. 때로 세상에서 가장 큰 성취는 누군가 '너무 좋아서 도저히 손에서 놓을 수 없었던 무언가'를 끝까지 붙잡고 갔을 때 만들어집니다. 에드 시런의 삶이 바로 그러한 주장을 증명합니다.

사람의 뇌는 자신이 생각하는 방향으로 세상을 정렬합니다. 이것은 단순한 심리학이 아니라 뇌신경과학에서 말하는 '선택적 주의(Selective Attention)'와도 관련됩니다. 우리가 특정 대상에 마음을 두면, 뇌는 그와 관련된 정보를 더 빠르게 인식하고 더 자주 볼 수 있도록 주의를 환기시킵니다. 캠핑에 빠져 있을 때면 마트에 놓인 수많은 물건 가운데서도 유독 캠핑 물품만 눈에 띄고, 체스에 빠져 있을 때면 검은색과 흰색이 교차하는 무늬만 봐도 이를 체스판처럼 느끼기도 합니다.

취미로 성공한다는 것은 취미를 억지로 돈 버는 수단으로 만드는 일이 아닙니다. 자신이 사랑하는 일에 충분한 시간을 주고 그것이 자신의 뇌와 삶을 어떻게 바꿔나가는지 신뢰하는 일입니다. 좋아하는 일을 할 때 뇌가 만들어내는 집중력, 지속성, 창의성은 다짜고짜 몰아붙여서는 절대 얻을 수 없는 종류의 에너지입니다. 즉, 취미가 일이 되고 일이 곧 삶의 의미가 되는 순간, 성공은 자연스러운 부산물처럼 따라오기 마련입니다.

좋아하는 일만 계속 생각하다 보면 뇌는 그 방향으로 세계를 재구성합니다. 그리고 그 세계 안에서는 스스로를 더 잘 표현할 수 있게 되고, 더 오래 버틸 수 있게 되며, 크게 성장하는 문이 열립니다. 게다가 좋아하는 것만 하면서 살 수 있다면 삶은 더 가볍고 풍요로워집니다.

지금 당신에게 좋아하는 취미가 있다면 이것은 성공으로 가는 하나의 가능성이 됩니다. 조금만 관찰하고, 조금만 다르게 생각하면 삶을 바꾸는 새로운 길이 열릴 수도 있습니다. 지금의 시대는 그런 사람들을 위한 무대가 끝없이 펼쳐진 세상입니다.

직장인으로서 성공하는 방법

회사에 다니고 있기 때문에 성공과는 거리가 멀다고 생각하는 사람이 많습니다. 돈을 많이 버는 직업은 사업가나 연예인, 전업 투자자나 유튜버처럼 독립적으로 일할 때만 가능하다고 머릿속에 제한을 두기 때문입니다. 그렇다고 회사를 그만두자니 당장 어떻게 먹고살아야 할지 막막하기만 합니다.

하지만 회사에 다니면서도 성공을 꿈꿀 수 있다는

말은 결코 이상적인 위로가 아닙니다. <mark>오히려 직장인이라는 위치는 성공을 향한 가장 현실적이고 강력한 발판이 될 수 있습니다.</mark> 많은 직장인이 '나는 월급쟁이라 큰돈을 버는 일은 불가능하다'라고 생각하지만, 실제 성공 사례는 그 반대를 가리키고 있을 때도 많습니다. 왜냐하면 직장은 기회를 제공하는 거대한 시장이자 문제를 발견하고 해결할 수 있는 최고의 실험실이기 때문입니다.

스타벅스를 인수해 전 세계를 대표하는 프랜차이즈 카페로 성공시킨 하워드 슐츠(Howard Schultz)는 직장이라는 기회의 공간에서 쌓은 경험을 적절히 활용한 사람입니다. 슐츠는 1953년 뉴욕의 브루클린에서 태어났습니다. 그의 가족은 임대아파트에서 생활해야 할 정도로 가난했고, 그는 가족 중에 유일하게 대학을 졸업한 사람이었습니다. 그러다 보니 그는 어려서부터 성공에 대한 열망이 가득했습니다.

슐츠는 대학을 졸업한 직후, 복사기 판매업체인 제록스(Xerox)에 입사해 본격적으로 영업의 길에 들어섰습니다. 3년간 제록스에서 근무한 후에는 드립 커피 메이커를 판매하는 중소기업인 햄머플래스트(Hammarplast)로 이직해 영업 분야에서 큰 재능을 보였습니다. 그리고 마침내 이곳에서 스타벅스와의 운명적인 만남도 경험하게 됩니다.

슐츠가 스타벅스를 처음 접했을 때, 스타벅스는 작은 원두 판매 가게에 지나지 않았습니다. 심지어 직접 커피를 내려서 팔지도 않았습니다. 하지만 슐츠는 이 작은 가게에서 사람들의 생활 방식을 변화시킬 가능성을 엿보았습니다. 그는 머지않아 자신이 다니던 회사를 그만두고 1982년에 마케팅 이사로 스타벅스에 합류했습니다.

그가 스타벅스의 미래에 대해 본격적으로 고민하게 된 결정적 계기는 1983년 이탈리아 출장이었습니다. 그곳에서 슐츠는 이탈리아의 커피 문화가 단순히 음료를 마시는 것을 넘어 사람들이 머물고 이야기하며 교류하는 하나의 문화적 공간이라는 사실을 발견했습니다. 그는 여기에서 '커피를 파는 것'에서 '경험을 파는 것'으로 사업의 본질을 옮겨야 한다는 사실을 직감했습니다. 그리고 이를 스타벅스에도 그대로 적용하기 위해 미국으로 돌아와 창립자들을 설득했으나 안타깝게도 그의 제안은 받아들여지지 않았습니다. 당시 스타벅스의 경영진들은 단지 좋은 원두를 파는 데에만 매몰되어 있었습니다.

결국 그는 1987년에 매물로 나온 스타벅스를 투자자들의 도움으로 인수하기에 이르렀습니다. 그리고 자신이 꿈꿔온 것처럼 원두 판매를 넘어 커피 음료를 판매하고, 더 나아가 공간을 파는 곳으로 스타벅스를 완전히 탈바꿈했습니다.

마침내 1992년 스타벅스는 상장 회사로 거듭났고, 세계적으로 확장될 기틀을 마련했습니다. 오늘날 스타벅스는 전 세계 어디에서든 만날 수 있는 커피 문화의 상징이 되었습니다.

슐츠가 스타벅스에서 가능성을 발견할 수 있었던 이유는 너무 가난했던 어린 시절부터 부유해져야겠다는 생각으로 가득했고, 그로 인해 일상적으로 더 나은 방향을 찾으면서 직장인으로서도 매일 고객과 시장을 관찰하며 비즈니스를 보는 눈을 키웠기 때문입니다. 그는 커피 메이커 판매자로서 최적의 장소에서, 최고의 커피를 만들어내는 카페들을 눈여겨봤고, 그중에서 한 끗 차이로 성장 가능성이 높은 스타벅스를 알아볼 수 있었습니다.

그는 "나는 가난해서 성공하고 싶었던 게 아니라, 가난이 사람을 어떻게 무너뜨리는지 보았기 때문에 성공하고 싶었다"라고 말했습니다. 사람들과 함께 풍요롭게 살고 싶었던 마음 덕분에 직장을 다니면서도 어떻게 사업을 하는 것이 회사, 직원, 고객 모두에게 윈윈이 될 수 있는지 생각할 수 있었고, 실제로 미국 최초로 파트타이머에게도 의료보험을 제공하고 단순한 직원이 아닌 파트너로 부르며 스톡옵션까지 제공해 미국 유통업계에 혁명을 일으켰습니다.

하지만 그가 만약 회사에 다니고 있지 않았다면 스타벅스를 평범한 원두 판매점으로 판단했을지도 모릅니다. 하지만 회사란 공간에서 매일같이 현실적인 문제를 눈앞에 마주하면서 그는 새로운 비즈니스의 확장성을 손쉽게 발견할 수 있었습니다.

많은 사람이 직장을 다니는 동안에는 자신의 가능성을 펼칠 수 없다고 말합니다. 그러나 사실 직장이라는 환경은 오히려 시장의 니즈와 사람들의 불편을 가장 가까이에서 발견할 수 있는 최적의 장소입니다. 즉, 회사를 다닌다는 것은 단순히 월급을 받는 일이 아니라 고객의 문제와 산업의 흐름을 누구보다 가까이에서 경험하는 기회라는 뜻입니다.

직장이 있기 때문에 우리는 고객이 무엇을 필요로하는지, 어떤 지점에서 불만을 느끼는지, 어떤 서비스가 더 나은 시장 가치를 만들어낼 수 있는지 자연스럽게 감지하게 됩니다. 보통 사람은 불만을 느끼는 순간 투덜거리지만, 돈을 버는 방법에 골몰하는 사람은 그 불만을 사업 기회로 바꿉니다. 회사를 더 성장시키는 아이디어를 낼 수도 있고, 근본적으로 그 문제를 해결하는 비즈니스를 만들어 성공할 수도 있습니다. 실제로 많은 혁신 기업이 내부에서 발견한 문제를 새로운 시장을 개척하는 데 활용함으로써 탄생했습니다.

성공은 어느 특정한 위치나 환경에서 시작되지 않습니다. 중요한 것은 자신의 자리에서 보이는 문제를 해결하고 싶은 마음, 그리고 한 가지 생각에 몰두하는 태도입니다. 직장이든, 사업이든, 혹은 작은 회사든 상관없습니다. '나는 천억 원을 벌었다'는 생각에 몰입하고 그것을 발전시키다 보면 현재 자신의 위치는 아무런 문제가 되지 않습니다. 지금 어디에 있든, 당신이 보고 있는 문제를 해결하고자 한다면 그 순간부터 당신은 이미 성공을 향해 가고 있는 것입니다.

5
Take

차지하라!

부는 이제
당신의 것이다

당신이 평소 무의식중에 하는 생각이
당신의 인생을 만든다.

_밥 프록터Bob Proctor

시크릿을 실현한 첫 번째 주인공. 청소부에서 억만장자가 된 남자

돈의 흐름을 읽어라

지금까지 우리는 신경가소성의 원리에 따라 뇌를 새롭게 리셋해 돈을 버는 구체적인 방법과 사례에 대해 살펴보았습니다. 이제 마지막으로 돈의 흐름을 읽는 방법, 그리고 무한 성장을 향한 조인트 비즈니스의 중요성을 짚어보며 이 책을 마무리하도록 하겠습니다.

세상은 돈의 흐름을 읽는 사람과 그렇지 않은 사람으로 나뉩니다. 성공한 사람들은 세상이 돌아가는 돈의 흐름, 사람들의 불편과 욕구, 시장의 변화 같은 눈에 보이지 않는 흐름을 먼저 꿰뚫어본 사람들입니다. 즉, 무엇을 보고, 무엇을 읽느냐가 돈을 버느냐, 그렇지 않느냐를 판가름합니다. 같은 세상에 살면서도 어떤 사람은 사소한 단서 하나에서 기회와 가능성을 엿보고, 어떤 사람은 대수롭지 않게 넘겨버립니다. 돈의 흐름을 읽는다는 것은 그 '중요한 정보'를 발견하도록 뇌를 훈련시키는 일입니다.

여기에서 명심해야 할 것은 인과관계를 명확히 판단해야 한다는 점입니다. 부자들은 성공했기 때문에 기회가 보였던 것이 아니라 흐름을 보았기 때문에 성공에 이르렀습니다. 다시 말하면, 기회는 마치 공공재처럼 누구에게나 열린 상태로 있다는 것입니다.

2000년대 초반에 인터넷과 모바일, 클라우드 기술이 폭발적으로 성장하던 시기에 돈을 번 사람들은 일찍이 '앞으로 정보를 저장하고 소통하는 방식 자체가 바뀔 것'이라는 흐름을 읽은 사람들이었습니다. 그들은 지금 세계에서 손꼽히는 글로벌 플랫폼 기업을 운영하며 세상의 모든 부를 긁어 모으고 있습니다. 반면 대부분의 평범한 사람들은 급속히 바뀌는 시대의 흐름을 제대로 파악하지도 못한 채 적응하는 데만 급급했습니다.

앞으로 세상의 변화 속도는 지난 20년보다 훨씬 빨라질 것입니다. 그만큼 우리가 지금까지 예상하지 못한 방식으로 돈을 벌 기회도 크게 늘어난다는 뜻입니다. 이제 정보는 모두에게 균등하게 주어집니다. 그중에서도 원하는 생각을 통해 돈을 벌 수 있는 중요한 정보들이 내 안에서 완성되도록 돈 버는 뇌를 만드는 훈련이 필요합니다. 또한 지나간 기회를 후회하기보다는 지금도 주변에 기회가 널려 있다는 것을 믿고 내 능력으로 얼마든지 차지할 수 있다는 마음가짐을 갖는 것이 중요합니다.

돈을 어렵게 생각하지 않아야 합니다. 돈은 그저 도구에 불과합니다. 단지 얇은 종이이고, 숫자일 뿐입니다. 부정적 신념이 이처럼 아무것도 아닌 돈에 얽매이지 않게 주의해야 돈을 버는 방법이 보입니다.

돈을 벌겠다는 마음은 단순한 의지가 아니라 관찰 능력을 키워주는 장치입니다. 연못 아래로 떨어진 동전을 아무런 장비 없이 꺼내려고 하면 쉽게 주울 수 있을까요? 그렇지 않을 것입니다. 하지만 물안경과 같은 아주 작은 장비라도 갖추고 들어가면 쉽게 찾을 수 있습니다. 돈을 버는 것도 마찬가지입니다. '불가능하다'라는 생각을 버리고 돈이 어디 있는지 보겠다는 마음으로 아주 작은 정보라도 손에 쥐고 뛰어들면 기회가 훨씬 선명하게 보입니다. 사소한 아이디어 하나가 큰 부를 불러올 수 있습니다.

투자 전문가이자 억만장자로 이름을 알린 로버트 헤이야비치(Robert Herjavec)는 일찍부터 돈의 흐름을 깨우친 사람입니다. 그는 크로아티아에서 캐나다로 이주한 가난한 이민자 집안 출신이었습니다. 당연히 언어의 장벽과 변변치 않은 일자리로 가난한 시절을 보내야 했지만, 그의 인생은 대학을 졸업하고 컴퓨터 사업에 대한 관심을 갖기 시작하면서 서서히 변화해갔습니다.

헤이야비치는 특히 보안 시장의 성장과 이에 대한 필요를 예리하게 관찰했습니다. 그는 1990년, 인터넷 보안 소프트웨어 회사인 BRAK 시스템즈(BRAK Systems)

를 설립하고, 10년 후인 2000년에 이를 AT&T 캐나다에 3,020만 달러(한화 약 444억 원)에 매각했습니다. 2003년에는 캐나다 최대의 정보 기술 및 컴퓨터 보안 회사인 헤이야비츠 그룹(The Herjavec Group)을 설립해 지금까지 운영을 맡고 있습니다.

그는 여러 방송에 출연해 사업가이자 투자자로서 돈에 대한 자신의 생각을 밝혔습니다. 특히 미국 ABC의 투자 리얼리티 프로그램인 〈샤크 탱크(Shark Tank)〉에 '샤크'(참가자들의 사업 설명을 듣고 투자를 결정하는 역할)로 출연하며 대중에게도 이름을 알렸습니다. 헤이야비치는 루이스 하웨스(Lewis Howes)의 인터넷 방송에서 '억만장자에게 배운 세 가지 교훈'에 대해 다음과 같이 이야기했습니다.

첫째, 억만장자는 특정 기술에 집착합니다. 그들은 아주 좁은 단 한 가지 분야에 거의 미쳐 있습니다. 흔히 상식이라고 불리는 지식에는 취약하지만 관심 있는 분야에서만큼은 타의 추종을 불허할 만큼 전문성이 높습니다.

둘째, 억만장자는 호기심이 강합니다. 그들은 일상생활에서 문제를 발견하고 이를 해결하는 데 늘 관심이 있습니다. 호기심 없이는 삶이 풍요로워질 수 없습니다.

셋째, 억만장자는 절제력이 있습니다. 그들은 항상 몸과 마음을 정돈하며 자신의 사업을 철저하게 관리해나갑니다.

사업을 벌리고 큰돈을 버는 포인트는 무엇이 되었든 한 가지 생각에 미쳐 있어야 한다는 점입니다. 시작하는 단계에서는 꼭 그 일의 전문가가 아니어도 괜찮습니다. 반복적인 생각이 문제 해결의 실마리를 찾아내고 어느 순간 나를 전문가의 자리로 올려두기 때문입니다.

모든 일을 혼자서 해낼 필요도 없습니다. 아이디어를 실현하는 일은 전문가에게 맡기고 나는 뒤에서 서포트하기만 해도 충분히 성공적인 결과가 나타날 수 있습니다. 즉, 한 사람의 아이디어가 파생되는 가치를 창출함으로써 다른 사람들에게도 일과 수익을 제공한다는 뜻입니다.

돈은 결코 멀리 있지 않습니다. 단지 지금 우리가 보지 못할 뿐입니다. 돈을 버는 사람들에게 특별한 능력이 있을 것이라고 오해해서는 안 됩니다. 그들은 단지 '돈이 어디서 흐르는가'를 볼 줄 아는 사람들일 뿐입니다.

지금까지 이 책을 읽으면서 하루 10분씩 생각을 바꾸는 연습을 하셨나요? 그렇다면 지금쯤 자연스럽게 아이디어가 샘솟는 분들도 있을 것입니다. 자, **이제부터는 '나는 천억 원을 벌었다'라는 생각에 더해 '돈은 공기처럼 당연히 나에게 있다'라는 생각도 덧붙여봅시다.** 공기는 보이지 않지만 우리 주변에 늘 존재하고 있다는 사실을 당연히 아는 것처럼, 부 역시 지금 눈에 보이지는 않지만 항상 우리 주머니로 들어올 준비를 하고 있습니다.

성공은 지금의 자리에서 시작됩니다. 결국 돈의 흐름을 읽고, 그 흐름이 삶으로 자연스럽게 흘러들어오도록 작업하는 과정이 중요합니다. 지금 여러분의 뇌는 무엇을 향해 열려 있습니까? 그 방향이 곧 부가 흘러오는 통로가 될 것입니다.

가슴이 두근거리는 일을 해라

남들이 하기 싫어하는 일을 해서 성공했다는 사람이 있고, 하고 싶은 일을 해서 성공한 사람이 있다고 합니다. 둘 다 맞습니다. 남들이 하기 싫어하는 일에서 성공이 보일 수도 있고, 내가 하고 싶은 일에서 성공이 보일 수도 있습니다. 하지만 누구든 하기 싫어하면서 힘들어도 참아야만 하는 일을 오래 지속한다면 어떻게 될까요? 금세 지치고 포기하고 말 것입니다.

그렇다면 하고 싶은 일은 어떨까요? 처음에는 생각만 해도 설레던 일이라도 하다 보면 하기 싫은 순간들과 만나게 됩니다. 결국 설레던 일도 해야만 하는 일이 될수록 버거워지기 마련입니다. 하지만 이 챕터를 읽고 나면 가슴이 두근거리는 일을 하며 성공도 수월하게 해낼 수 있을 것입니다.

수많은 자기계발서에서 "돈을 벌기 위해서는 일단 자신이 하고 싶은 일은 나중으로 미루고 지금 당장은 하기 싫은 일을 해야 한다"라고 이야기합니다. 어느 정도

시드머니를 구축해야 그 돈을 바탕으로 하고 싶은 일을 시작할 수 있기 때문이라는 것이 그 이유입니다.

하지만 그 말이 과연 맞을까요? 지금 세대의 젊은 부자들 중에 적지 않은 수는 하고 싶은 일, 흥미가 가는 일에 모든 자원을 쏟아부었다는 공통점이 있습니다. 하기 싫은 일을 억지로 해서 돈을 벌지 않고 오히려 '가슴이 두근거리는 일로 돈을 버는 삶'을 살고 있는 것입니다. **좋아하는 일을 하면서도 부자가 될 수 있다면 그건 지속 가능한 삶의 방식이 됩니다.** 이기적인 삶이라고 손가락질받을 이유도 없습니다.

그들이 성공하게 된 이유는 단순합니다. 자신이 하고 싶은 일이 무엇인지 구체적으로 파악하고 이를 실행에 옮기기 위한 성공 법칙을 따랐기 때문입니다. 이러한 성공 법칙은 일본의 마케팅 카피라이터이자 경영 컨설턴트인 간다 마사노리(神田 昌典)에게서 힌트를 엿볼 수 있습니다.

간다는 자신의 원래 업무 이외에도 『비상식적 성공

법칙』, 『간다 마사노리의 대발견』 등의 베스트셀러를 쓴 것으로도 유명합니다. 그는 조지대학교 외국어학부를 졸업하고, 뉴욕대학교 경제학 석사, 펜실베이니아대학교 와튼스쿨 경영학 석사를 밟은 수재입니다. 대학교 3학년 때 외교관 시험에 합격해 4학년부터는 외무성 경제부에서 근무한 이력도 있습니다.

그런데 놀랍게도 그는 젊은 시절, 회사에서 정리해고를 당한 적이 있었습니다. 그후 어느 날, 서점에 방문해서 한 권의 책을 집어 들어 읽다가 간다는 자신이 정리해고를 당한 이유를 깨닫고 충격을 받았습니다. 회사에 다니는 동안 자신도 모르게 자기 최면을 걸고 있었던 것입니다. 그것은 바로 이런 내용이었습니다.

'회사에서 정리해고를 시행한다면 내가 1순위가 될 것 같은데 진짜로 잘리면 어떡하지?'

매일 반복하던 부정적 자기 확신이 정리해고라는 최악의 결과를 만들어낸 것입니다. 이후로 그는 부정적인 프레임을 벗고 자신만의 성공 법칙을 만들어내기 위해 매진합니다.

200

그리고 『비상식적 성공 법칙』이라는 책에서 성공을 만드는 여덟 가지 습관을 강조했습니다. 독특하게도 그가 첫 번째 성공 습관으로 꼽은 것은 '하기 싫은 일을 찾아낸다'입니다. 그는 이 방법에 대해 이렇게 설명합니다.

　　"우선 종이 한 장을 준비해 '하기 싫은 일'을 적어라. 절대 잘못 말한 게 아니다. 하고 싶은 일을 정확하게 찾기 위해서는 먼저 '하기 싫은 일'부터 명확하게 골라내야 한다. 이것이 포인트다. 상식적인 성공 법칙을 알려주는 책들은 '하고 싶은 일을 정확히 찾아라'라는 이야기로 시작한다. 그런데 자기가 하고 싶은 일이 무엇인지 모른다거나 다른 사람의 시선을 의식해야 하는 경우가 많다."(간다 마사노리, 『비상식적 성공 법칙』, p.56)

　　막상 우리가 하고 싶은 일을 하려고 마음먹어도 선뜻 시도하지 못하는 이유는 '내가 진짜로 좋아하는 일을 찾지 못해서'일 때가 많습니다. 이럴 때는 하기 싫은 일을 먼저 적으면서 하고 싶은 일 주변의 소음을 걷어내야 합니다. 즉, 가장 하고 싶지 않은 일의 리스트를 무작위로 적다 보면 하고 싶은 일이 수면으로 드러나게 된다는 의미입니다.

간다 역시 이 작업을 통해 자신이 해야 할 일들을 집중적으로 찾았습니다. 그가 절대로 하기 싫다고 꼽은 일들은 이런 것입니다.

- 고객이라고 무조건 굽신거리지 않는다.
- 몸을 혹사하는 일은 안 한다.
- 사업을 한다면 정직원은 채용 안 하고 싶다.
- 하청은 받지 않는다.
- 무료로 상담해주고 싶지 않다.

사회적 관점에서 보면 비난을 받거나 고개를 갸우뚱하게 만드는 내용도 있습니다. 하지만 저자는 이 리스트를 적을 때 깊게 생각하지 않고 직관적으로 자신이 정말 하고 싶지 않은 일들에 대해 적었습니다. 여기에 법

질서나 도덕 같은 교과서적인 기준은 들이밀지 않았습니다.

간다가 이렇게 한 데에는 이유가 있습니다. **사람은 자기가 하기 싫은 일을 100퍼센트 안 하게 되면 하고 싶은 일에는 200퍼센트로 달려들 수 있기 때문입니다. 그는 이것을 '작용과 반작용의 습성'이라고 표현했습니다.** 다시 말해서, 하기 싫은 일을 절대로 피하기 위해 반대쪽에 있는 일에 전력을 다해서 매달리게 되고, 이것이 성공으로 가는 관문을 열어주는 것입니다.

이 내용을 처음 읽었을 때, 저는 소름이 끼칠 정도로 큰 충격을 받았습니다. 그동안 고객에게 모든 것을 맞춰줘야 성공한다고 생각했는데 오히려 그 반대였기 때문입니다. 모든 고객을 만족시키려 할수록 우리는 자신을 소모하게 됩니다. 어떤 고객은 계속 요구하고 불평하며, 이미 제가 제공한 가치도 인정하지 않습니다. 이때 많은 사람이 '그래도 고객이니까'라고 생각하며 억지로 참고 버팁니다. 하지만 이 방식은 결국 나도, 직원도, 사업도 지치게 만들 뿐입니다.

제가 간다의 책을 읽으면서 배운 가장 중요한 원칙은 나에게 맞는 고객에게만 최선을 다하는 것이었습니다. 실제로 불만과 요구만 늘어놓던 소수의 고객을 정중히 보내드리자, 제 사업체의 상황은 놀라울 정도로 바뀌었습니다. 불필요한 상담이 줄고, 스스로 생각하며 성과를 내는 건강한 고객들만 남았습니다. 게다가 그 이후에는 회사의 성장 속도가 전보다 훨씬 빨라졌습니다. 시너지를 낼 수 있는 고객들만 만나다 보니 제 사업에 대한 만족도가 매우 높아졌고, 좋은 후기 덕분에 더 많은 고객을 유치할 수 있게 되었습니다.

고객을 거른다는 건 오만이 아닙니다. 오히려 나만의 고유한 가치를 지키는 전략이자 사업을 지키는 키포인트입니다. 내 제품과 서비스의 가치를 이해하고 감사할 줄 아는 사람에게 집중할 때, 회사는 더 건강해지고, 직원들은 더 효율적으로 일하며, 성과도 더 커집니다.

아직도 '하고 싶은 일'이 아니라 '해야 하는 일'에 얽매여 하

고 싶은 일을 찾는 데 주저하고 있다면, 가장 먼저 앞으로의 목표를 구체적으로 써보고 아침저녁으로 읽는 연습을 해봅시다.

하고 싶은 일을 못하게 막는 것은 여러분 안에 습관으로 자리 잡은 부정적 사고입니다. 아무리 이런 글을 읽어도 다음 날에는 회사에 출근해야 하고, 싫은 사람을 마주해야 하고, 하기 싫은 일을 꾸역꾸역 붙잡고 있을 수밖에 없다는 패배적인 사고에 갇혀서는 단 한 발자국도 앞으로 나아갈 수 없습니다. 아니, 오히려 뒷걸음질 치며 삶이 더 깊은 나락으로 빠질 수도 있습니다.

"하고 싶은 일만 하면서 성공할 수 있을까?"

대답은 분명합니다. 내가 잘할 수 있고, 가치가 통하고, 함께 성장할 수 있는 사람들과 일하는 것은 오히려 더 빠른 성공의 길입니다. 하고 싶은 일에 집중하고, 맞지 않는 일을 과감히 덜어낼 때 우리는 진짜 성장에 다가갑니다. 이는 단순한 원칙이 아니라 이미 증명된 전략입니다.

아이디어의 가능성을 믿어라

우리가 성공에 대해 오해하는 또 한 가지는 어떤 일에서 성공하기 위해서는 반드시 복잡한 기술을 익히고, 세상에서 요구하는 능력을 갖추어야 한다고 착각한다는 것입니다. 하지만 세상을 선도하는 리더십으로 큰 부를 거머쥔 사람들의 공통점은 의외로 단순합니다. 그저 자신이 떠올린 아이디어를 믿고, 그것을 실현할 방법을 고민하는 데 시간을 썼다는 사실입니다. 결국 큰 성공을 만드는 핵심은 지식이나 기술이 아니라 아이디어라는 씨앗을 어떻게 키워내는가였습니다.

지금은 아이디어 하나가 회사를 만들고, 사람을 모으고, 기술을 끌어오는 시대입니다. 혼자서 A부터 Z까지 모든 것을 하기 위해 전전긍긍하지 않아도 된다는 의미입니다. 내 아이디어가 현실 가능하고, 사업화할 만한 가치가 있다면 그것을 실현할 전문가는 반드시 찾을 수 있습니다. 중요한 것은 떠오른 생각을 의심하지 않고 이룰 수 있다고 확신한다면 눈에 보이는 결과물을 통해 계속 확장이 일어날 것입니다.

　미국의 투자자이자 농구팀 댈러스 매버릭스의 전 구단주인 마크 큐반(Mark Cuban)은 굉장히 특이한 사업가입니다. 그는 어려서부터 사업가의 기질이 있었는데, 열두 살에 처음으로 사고 싶었던 운동화를 사기 위해 쓰레기 봉투를 팔았고, 몇 년 후에는 자신이 모아둔 우표와 동전을 팔아 돈을 벌기도 했습니다. 경영대학원을 다니는 동안에도 술집, 디스코 레슨 등 다양한 사업을 꾸렸습니다.

　큐반은 대학을 졸업한 후 은행원이 되었지만 이 일을 따분하게 느끼고 금세 그만두었습니다. 이후 그가 도전한 일은 소프트웨어 세일즈였습니다. 컴퓨터에 대한 지식은 조금도 없었지만, 앞으로 컴퓨터 업계의 성장 가능성을 내다본 선견지명이 있는 선택이었습니다.

　그는 마케팅 세일즈에서 두각을 나타내며 수많은 계약을 성사시키고 필드에서 경험을 쌓았습니다. 그리고 마침내 컴퓨터 소프트웨어 판매업체인 마이크로솔루션스(MicroSolutions)를 창업했습니다. 1990년에 이 회사는 600만 달러(한화 약 88억 원)에 매각되며 그를 백만장자의 자리에 올려주었습니다.

이후에도 그는 브로드캐스트닷컴(broadcast.com)의 전신으로, 인터넷에서 대학농구 경기를 인터넷으로 생중계하는 오디오넷(Audionet), 고화질(HD) TV의 가능성을 염두에 둔 세계 최고의 HD 전용 채널인 HD넷(HDnet) 등을 설립하기도 했습니다. 그리고 마침내 자신의 관심사가 가장 잘 반영될 수 있는 분야인 농구팀을 인수해 23년간 구단주로 활동했습니다.

2025년 기준, 〈포브스〉는 그의 순자산을 60억 달러(한화 약 9조 원)로 추산하고 있습니다.

큐반이 보여준 성공의 핵심은 떠오르는 아이디어를 믿고 될 수밖에 없는 방법이 나올 때까지 생각하는 사람이었다는 점입니다. 그가 소프트웨어 세일즈를 할 때는 컴퓨터 시장의 가능성을, 인터넷이 보편화되기 시작했을 때는 온라인으로 스포츠 경기를 보는 사람이 늘어날 것이라는 점을, 고화질 TV가 서서히 자리 잡고 있을 때는 고화질 채널의 중요성을, 그리고 점점 더 성능이 높아지는 음향 및 영상 퀄리티의 중심에 스포츠 엔터테인먼트가 위치하고 있다는 점을 다른 사람보다 먼저 깨달았습니다.

하지만 이 모든 사업은 그의 전문분야가 아니었습니다. 그럼에도 그는 용기를 갖고 과감하게 뛰어들었습니다. 아이디어 하나로 승부를 보고 이를 실현하는 과정에서 필요한 전문가와 자본은 발로 뛰며 모았습니다. 그는 아이디어를 중심으로 사람을 움직이는 법을 잘 알고 있었습니다. 그리고 이러한 아이디어 하나가 구르고 구르면서 눈덩이를 점점 키워 9조 원의 어마어마한 자산으로 돌아왔습니다.

이 원리는 지금 우리가 사는 세상에도 똑같이 적용됩니다. 사업을 시작할 때 많은 사람이 자신에게 아이디어를 구현할 기술과 자본이 없다는 이유로 아무것도 하지 못한 채 시간만 흘려보냅니다. 그러다 결국 아이디어는 현실화되지 못한 채 사장되고 맙니다. 이것이 지금까지 우리가 성공에 실패한 이유입니다.

하지만 **진짜 성공은 공부, 기술 습득, 복잡한 계획과는 정 반대 방향에서 시작됩니다. 아이디어가 먼저 존재하고, 그 아 이디어를 실현할 방법은 나중에 찾아도 충분하다는 뜻입니다.** 때로는 전문가와 기술자를 나서서 찾을 필요도 없습니다. 돈과 자원은 아이디어가 있는 방향으로 저절로 움직 이기 마련입니다. 즉, 나에게 돈이 될 만한 좋은 아이디 어가 있다면 이를 구현해줄 사람, 자본은 알아서 내 품 으로 들어오게 됩니다.

실제로 지금 우리가 당연하게 누리고 있는 거대한 기업의 제품과 서비스는 "이 아이디어를 현실화해보면 어떨까?"라는 아주 사소한 단 하나의 질문에서 출발했 습니다. "나와 가까운 사람과 인터넷 세상에서도 연결되 면 어떨까?" 하는 아이디어에서 페이스북이 출발했고, "텍스트가 기반인 SNS를 사진 중심으로 옮겨보면 어떨 까?" 하는 생각이 인스타그램을 만들었습니다. "사람들 이 가지고 있는 자동차를 택시처럼 바꿔보면 어떨까?"

하는 아이디어가 우버로 발전하고, "지금 살고 있는 집을 여행자용 숙소로 활용하면 어떨까?" 하는 생각이 에어비앤비로 이어졌습니다.

지금까지 계속해서 이야기했듯 우리의 뇌는 무한한 능력을 가지고 있습니다. 모두가 억지로 해야만 하는 일과 스트레스를 받는 상황에 익숙해졌지만, 생각의 주인이 되어 원하는 생각을 하는 뇌를 만들어낸다면 누구든 시장에서 큰 가치를 창출하는 유니콘 기업의 주인이 될 수 있습니다.

SNS라는 도구는 이를 현실화하는 핵심 역할을 감당합니다. 이제는 일상을 보여주는 것 이상으로 자신의 사업을 홍보하는 수단으로 SNS를 활용하는 사람들도 점점 많아지고 있습니다. 이렇게 모든 사람과 연결된 세상에서는 무엇이든 손쉽게 가능합니다.

저 역시 같은 경험이 있다는 것을 앞서 이야기했습니다. 개발을 전혀 몰랐음에도 하나의 아이디어로 프로그램 개발을 시작했고, 그 가치를 인정한 파트너에게 투자를 받았습니다. 인터넷을 통해서 찾은 전문가가 프로젝트 개발에 참여하면서 사업에 속도가 붙었고, 저는 아이디어를 현실화하는 데만 집중했습니다. 마침내 프로그램을 완성한 다음부터 사업은 빠르게 성장했습니다. 그리고 저는 개발의 ㄱ자도 모르면서 지금까지도 프로그램 개발 전문 회사의 대표라는 직함을 달고 있습니다.

중요한 사실은 이것입니다.
"아이디어는 배우는 것이 아니라 생각하는 사람에게 찾아오는 것이다."

가능성을 의심하지 마십시오. 불신하는 사람에게 성공하는 아이디어는 절대 찾아오지 않습니다. 그리고 지금도 누군가는 아이디어 하나로 인생을 역전할 준비를 하고 있습니다. 다음 배턴을 누구에게 넘기겠습니까? 저는 여러분이 그 배턴을 이어받아 새로운 주인공이 되기를 진심으로 바랍니다.

조인트 비즈니스로 무한 성장하라

이제 드디어 이 책의 마지막 부분에 도달했습니다. 여기까지 이 책을 읽어온 여러분들은 이미 느끼고 있을 것입니다. '우리는 생각만으로 부자가 될 수 있다'는 것을 말입니다. 이 메시지가 여러분에게 평범한 믿음, 흔한 동기부여로 읽히지 않았으면 하는 바람입니다. 왜냐하면 이것은 뇌과학과 실제 성공 사례가 증명하고 있는 확고한 성공 법칙이자 원리이기 때문입니다.

우리의 뇌는 생각하는 방향에 따라 구조가 변화합니다. 이 변화는 결국 행동을 바꾸고 유의미한 결괏값을 만들어냅니다. 이것이 바로 누차 설명한 신경가소성의 원리입니다. 한번 자리 잡은 생각은 뇌의 회로를 바꾸어 새로운 관점과 기회, 해석으로 뻗어나갑니다. 부를 생각하면 부를 보는 뇌가, 기회를 생각하면 기회를 잡는 뇌가, 아이디어를 생각하면 아이디어가 샘솟는 뇌가 프로그래밍됩니다. 이 책에서 이야기한 내면 언어는 바로 그 뇌 회로를 설계하는 과정입니다.

더 이상 제한 신념에 스스로를 가두지 마십시오. 부정적 제한 신념은 기존의 사고 패턴을 반복하며 스스로를 변화할 수 없는 사람이라고 단정 짓습니다. 혹시 다음과 같은 생각을 여전히 갖고 있다면 하루 빨리 버려야 합니다.

- 나는 부족한 사람이다.
- 나는 성공하지 못할 것이다.
- 나는 원래 이런 사람이다.

그 대신 우리가 가져야 할 사고방식은 이것입니다.

- 나는 무한한 능력이 있다.
- 나는 천억 원을 벌었다.
- 나는 건강하고 활력이 넘친다.

흥미롭게도 이런 말을 반복하는 동안 뇌는 새로운 신경망을 구축하게 됩니다. 인간의 뇌는 스스로 생각한 방향으로 재설정되고 자신의 관심사에 따라 정보를 모으며 이것이 부자가 되는 행동 방식으로 이어집니다.

이 책은 바로 그 원리를 기반으로 쓰였습니다. 아이디어를 만들고 아이디어를 현실로 옮기며 아이디어를 기반으로 부자가 되는 사람들의 뇌에는 공통점이 있습니다. 그들은 현실에 한계를 두지 않고, 기회를 노리면서 자신과 함께할 사람들을 모았습니다.

지금 시대는 하루가 다르게 빠른 속도로 변화하고 있습니다. 노력이 그 가치를 잃어버린 이유 역시 인간이 아무리 열심히 하더라도 AI의 정보 처리 속도와 로봇의 노동력을 따라 잡을 수 없기 때문입니다. 그렇기 때문에 이제는 '노력'이 아니라 '차이'를 만들어내는 일을 해야 합니다.

마지막으로 제안하는 것은 혼자서 모든 것을 완성하지 않아도 된다는 사실을 명심하길 바랍니다. 혼자 성공하는 것은 한계가 있을 수 있지만, 교육을 통해 뇌가 바뀌고 성공적인 아

이디어를 만들어내는 사람들이 생긴다면, 우리는 서로 조인트 해 훨씬 큰 부를 만들어낼 수 있습니다.

저는 생각이 뇌를 바꾸고 그 변화가 결국 현실을 바꾼다는 사실을 깨달은 다음, 이전에는 상상도 못 했던 수익을 올리기 시작했습니다. 그리고 이 경험을 다른 사람들에게도 조금씩 알려나갔습니다. 그렇게 지금은 열두 명의 조인트 파트너가 함께하고 있고, 각자가 잘하는 영역에만 집중하면서도 큰 수익이 나오는 구조를 만들었습니다. 아이디어만 있다면 누구든 따로 또 같이 일하는 동반자가 될 수 있습니다.

에어비앤비의 창업자인 브라이언 체스키(Brian Chesky)와 조 게비아(Joe Gebbia)는 대학을 졸업한 후, 안정적으로 회사에 취업하는 대신 아이디어만으로 사업을 해보겠다는 결심을 했습니다. 그러나 아무런 경험도 없는 사회 초년생들에게 현실은 녹록지 않았습니다. 샌프란시스코에서 함께 살던 그들은 월세조차 감당하지 못하는 상황에 놓였고, 당장 생계를 해결해야 하는 절박한 상태를 맞이했습니다. 그러던 중 동네에서 대규모 디자인 콘퍼런스가 열렸을 때, 모든 호텔이 매진되었다는 소식을 듣게 되었습니다. 이때 그들은 '사람들은 단순히 잠을 자는 곳보다는 현지에서의 경험을 원한다'는 새로운 아이디어를 떠올렸고, 집 거실에 에어매트를 놓아 숙박과 아침 식사를 제공하는 실험을 시작했습니다. 이것이 '에어 베드 앤드 브렉퍼스트(Air Bed & Breakfast)', 즉 에어비앤비의 시작이었습니다.

초기 반응은 나쁘지 않았지만, 이를 사업으로 성장시키는 과정은 쉽지 않았습니다. 투자자들은 "누가 남의 집에서 자고 싶어 하겠느냐"며 이 아이디어를 비웃었고, 고객들에게 서비스에 대한 신뢰를 주기에는 기술적으로나 구조적인 한계가 분명했습니다. 브라이언과 조는 자금난을 버티기 위해 선거철에 후보들의 유세지를 돌아다니며 직접 디자인한 시리얼 박스를 팔아 운영비를 마련할 정도였습니다. 그러다 마침내 기술 영역을 보강하기로 마음먹고 능력이 뛰어난 개발자인 네이선 블레차르지크(Nathan Blecharczyk)를 파트너로 영입하면서 사업이 안정되어가기 시작했습니다. 사용자 경험과 확장성 역시 눈에 띄게 개선되었습니다.

　세 사람은 각자의 강점을 분명히 나눴습니다. 체스키는 비전과 사용자 경험, 게비아는 디자인과 브랜드, 블레차르지크는 기술과 시스템을 책임졌습니다. 그렇게 아이디어는 비로소 사업으로 정착했고, 투자처도 찾아 사업에 가속도를 붙여나갔습니다. 에어비앤비는 숙박업이 아니라 '공간과 경험을 연결하는 플랫폼'이라는 새로운 시장을 만들어냈고, 전 세계 수백만 명의 호스트와 여행자를 연결하는 글로벌 기업으로 성장했습니다. 이 사례는 아이디어는 혼자 떠올릴 수 있지만, 그것을 현실로 만드는 힘은 조인트에서 나온다는 사실을 분명하게 보여줍니다. 작은 씨앗 같은 생각도 적재적소에 인재를 배치하고 필요한 사람들과 결합될 때 상상 이상의 확장성을 갖게 되는 것입니다.

　첫 번째 책 『부의 역설』에서 저는 다음과 같은 메시지에 대해 이야기했습니다.

"생각만 하면 아무것도 이루어지지 않는다고 말하는 사람이 많다. 하지만 역설적이게도 부자는 생각을 통해서만 만들어진다."

여기까지 왔다면 여러분도 알게 되었을 것입니다. 부는 운이 아닙니다. 노력의 양과도 무관합니다. 부는 사고방식의 결과이며, 누구나 부자가 되는 뇌를 가질 수 있습니다. 여러분은 이미 부를 만들 수 있는 뇌가 준비되어 있고, 그 뇌를 지금 이 순간에도 새로운 가능성을 찾고 있습니다. 이 책을 덮는 순간은 끝이 아니라 시작입니다. 여러분이 가져야 할 단 한 가지는 '나는 천억 원을 벌었다'라는 내면 언어뿐입니다.

꿈을 생각하고, 손으로 쓰고, 매일 읽어봅시다. 저의 꿈은 건국 이래 가장 많은 부자를 배출하는 마인드 거장이자 사업가가 되는 것입니다. 이 꿈을 실현하는 과정에 여러분도 포함되기를 진심으로 바랍니다. 스스로 하기 어렵다면 저희 인리치 아카데미에 합류하여 함께 생각하고 소득을 만들어가는 것을 추천드립니다.

KI신서 14032

브레인 리셋

돈 버는 생각만 해라, 답은 뇌가 찾는다

1판 1쇄 발행 2026년 1월 21일
1판 3쇄 발행 2026년 2월 23일

지은이 강범구
펴낸이 김영곤
펴낸곳 (주)북이십일 21세기북스

출판1본부 본부장 장미희
서가명강팀 팀장 양으녕 **책임편집** 서진교 **마케팅** 김주현
교정교열 조유진
디자인 studio forb
마케팅영업부문 정지은 한충희 장철용 강경남 황성진 김도연
제작팀 이영민 권경민

출판등록 2000년 5월 6일 제406-2003-061호
주소 (10881) 경기도 파주시 회동길 201(문발동)
대표전화 031-955-2100 **팩스** 031-955-2151 **이메일** book21@book21.co.kr

(주)북이십일 경계를 허무는 콘텐츠 리더

21세기북스 채널에서 도서 정보와 다양한 영상자료, 이벤트를 만나세요!
페이스북 facebook.com/jiinpill21 **포스트** post.naver.com/21c_editors
유튜브 youtube.com/book21pub **인스타그램** instagram.com/jiinpill21
홈페이지 www.book21.com